ELOGIOS PA

TRANSFORMA I U VIDA

Conocer a Chris Lee fue el momento que transformó mi vida. Él me regaló las herramientas para crear una mejor versión de mí misma y le estaré eternamente agradecida por eso. Compartir su conocimiento a través de este libro es lo que representa el corazón de Chris. Y lo recibimos con los brazos abiertos: más herramientas, mucho más para crear una mejor vida para nosotros mismos y nuestros seres queridos. Al darnos a nosotros mismos, creamos abundancia, abundancia de amor, nuestro bien y tesoro más importante. ¡Estamos listos! ¡Dale Chris!

Ednita Nazario
Cantante Internacional Nominada a
Múltiples Premios Grammy y Actriz de
Broadway

Chris Lee es uno de mis mejores amigos y siempre ha estado allí para mí. Recomiendo encarecidamente su libro, *Transforma tu vida: 10 Principios de Abundancia y Prosperidad,* porque es una guía sencilla y fácil de leer, pero poderosa, para una vida abundante. Está comprobado que los principios que establece este libro funcionan para crear la vida que estamos destinados a tener. Este libro está lleno de sabiduría práctica. Disfrútalo y ten una vida bendecida.

Bárbara Bermudo
Presentadora, *Primer Impacto*
Univision

He conocido a Chris Lee por más de 20 años, no sólo como entrenador sino también como uno de mis amigos más cercanos. He visto tanto su propio crecimiento personal como la forma en que él ha tocado las vidas de tantas personas en todo el mundo con su don. Chris ha tocado mi vida y siempre ha estado allí para mí en todos los momentos críticos de mi vida y carrera con las palabras, el coaching y el apoyo indicados para hacerme avanzar con mis sueños.

Este libro será un regalo para todos los que lo lean porque es una guía práctica y fácil de aplicar para lograr tus sueños. ¡Este libro te enseña que no hay obstáculos más grandes que tu visión! Tendrás más éxito en tus metas y además te convertirás en un ser humano exitoso.

Julián Gil Actor
Productor y Presentador

Chris Lee es un gurú transformacional. Su preocupación sincera hacia los demás, además de su compasión y bondad, hacen de él un líder inspirador. *Transforma tu vida: 10 Principios de abundancia y prosperidad* está lleno de inspiración, conocimientos valiosos e información útil que te llevará por el camino del éxito. Todos se beneficiarán de este libro. Su forma de escribir es poderosa y práctica. Me siento honrada de compartir el micrófono con él en mi programa nacional de radio todas las semanas.

María Marín
Autora con Gran Exito en Ventas,
Personalidad de la Radio y Televisión

Chris es un verdadero amigo, algo raro de encontrar en esta época. No importa cuánto tiempo pasemos separados, compartimos la misma confianza, amor y apoyo. El apoyo de Chris ha sido incondicional y su sabiduría emocional me ha ayudado en momentos difíciles. *Transforma tu Vida* tendrá un impacto importante en tu vida porque afirma que el poder está dentro de cada uno de nosotros. Cuando aplicamos los diez principios de abundancia y prosperidad con fortaleza y compromiso, podemos lograr todo lo que soñamos.

Luz García
Empresaria, Productora y Creadora del
Programa de Televisión *Noches de Luz*

Transforma tu vida, el libro más reciente de Chris Lee, es un regalo de su sabiduría, que ha compartido con miles de personas en todo el mundo. Los diez principios de su libro me sirvieron cuando la crisis económica llegó tocando a mi puerta. Yo fui de la bancarrota a crear éxito, programas de televisión, programas de radio, diez libros *best seller* y una maravillosa relación con mi esposa e hijos. Su libro es una herramienta clave para vivir una vida abundante y próspera. Gracias Chris.

Silverio Pérez
Autor, Productor, Músico, Motivador y
Conductor de programas de Univision Puerto
Rico y de: *¿Qué es Lo Que Hay?*

Conocí a Chris durante un rompimiento muy doloroso y sentí inmediatamente como si fuéramos familia. Chris es excelente para escuchar, pero mucho más que eso, fue mi luz guía en momentos muy tormentosos para mí. Es mi coach, pero también es uno de mis mejores amigos, le da tanto mi vida. Me ayuda con las decisiones de negocios con tanta pasión como lo hace con las decisiones de mi vida personal. Recomiendo *Transforma tu vida: 10 Principios de abundancia y prosperidad* porque su sabiduría ha enriquecido mi vida y me encantaría que otros experimentaran lo mismo. Nunca hay un límite en el crecimiento personal y este libro es un tesoro.

Nadine Velazquez
Actriz y Productora

En la vida conocemos a personas que pueden cambiarte la vida. Si tuviera que describir a mi amigo Chris Lee con una palabra, sería *pasión*. Esta pasión lo ha llevado por todo el mundo ofreciendo seminarios transformacionales. Este libro es una guía para todos los que están comprometidos con lograr su visión o sus sueños. Uno de mis puntos favoritos de este libro es la actitud de gratitud, la cual es la clave para la abundancia y la prosperidad. Con este conocimiento aprendemos que lo imposible es posible.

Bárbara Serrano
Asesora Financiera y Autora de *Rica... Libertad Financiera para la Mujer*

Chris Lee ha sido un mentor, amigo y confidente por más de 20 años. Chris vio la entrenadora en mí cuando nadie más lo hizo. Es un hombre guiado por el amor y el compromiso, a la vez que toma riesgos y es descabellado; creyó en mí para que yo creara lo que pensaba era un futuro imposible. Esto es lo que te puede pasar, si tú te lo permites. Si estás listo para crear una vida extraordinaria, abundante y llena de gozo, este es el libro para ti.

Ivette Rodríguez,
Entrenadora y Autora del libro best seller,
Cuentos De Tu Loca Mensajes De Tu Sabia

Chris Lee es uno de los mejores entrenadores, coaches personales y seres humanos del planeta. Él se ha dedicado en las últimas tres décadas con un compromiso apasionado a inspirar a miles de personas en todo el mundo a descubrir sus sueños. ¡No te debes perder su libro, *Transforma tu vida*! Es un verdadero honor y privilegio tener a Chris en tu equipo.

Michael Strasner
Coach y Entrenador Transformacional y Autor del libro best seller #1 *Living on the Skinny Branches*

Chris me dio la oportunidad de verme a mí mismo como me ven los demás y de entender de forma más profunda lo que funciona y lo que no. Me ha ayudado a ser la mejor versión de mí mismo de forma más constante. Desde el punto de vista profesional, las herramientas que aprendí no tienen precio. Rompí con las creencias limitantes de que no podía competir con los jugadores más jóvenes del mundo. Cuando lo hice, en cuestión de meses me volví a convertir en el jugador de póquer número uno del mundo. Chris me hizo entender claramente que si lo iba a lograr, iba a depender de mí.

Daniel Negraneu
Jugador de póquer clasificado como número uno a nivel mundial y Miembro del Salón de la Fama del Póquer.

Transforma tu

VIDA

10 PRINCIPIOS DE ABUNDANCIA Y PROSPERIDAD

CHRIS LEE

Este libro está dedicado a mi madre, la única persona que siempre ha visto la obra maestra en mí desde el día que nací.

También dedico este libro a los miles de estudiantes a quienes he tenido el honor de servir a través de mis talleres transformacionales desde 1988.

PRÓLOGO

En el verano del 2013, me inscribí en un taller de liderazgo transformacional gracias a la recomendación de mi buen amigo, Quddus. Chris Lee, un coach transformacional de quien nunca había oído hablar, era el facilitador. Su taller se enfoca en desarrollar inteligencia emocional, uno de los ingredientes más importantes para lograr el siguiente nivel de éxito. Esto es cierto para atletas de alto rendimiento, entrenadores de campeonato, ejecutivos de negocios y en realidad cualquier persona.

Por supuesto no tenía idea que esos pocos días cambiarían para siempre la trayectoria de mi vida.

Yo ya estaba en la cumbre de mi carrera, pero una molesta sensación nunca dejaba mi mente de que nada de lo que yo hacía era suficientemente bueno. Lograba todo lo que quería, pero con cada triunfo me sentía desanimado una y otra vez. Hacía falta algo, y no sabía lo que era o si alguna vez lo iba a poder encontrar.

La información que Chris Lee me impartió se convirtió en el marco para un paradigma más empoderador en mi vida. Lo que antes era inalcanzable, ahora parecía posible. Mis relaciones familiares se fortalecieron, se abrieron nuevas oportunidades, mi empresa creció y mi mundo emocional se expandió. Ya no me consideraba una víctima del pasado y más bien decidí llevar mi vida de una manera completamente diferente.

Es increíble lo que fluye de nosotros cuando rediseñamos nuestra manera de pensar y nuestra manera de ser. Aprendí que si no estamos recibiendo todo lo que queremos, lo más probable es que muchas cosas nos estén deteniendo. Hay una manera de cambiar este dilema y comienza con tu *mentalidad*. Chris me mostró que soy 100 % responsable de mi vida en todos sus aspectos y que yo soy el autor de mi propia historia.

No me tomó mucho tiempo darme cuenta de que él es un gran maestro en su arte. Tenía ante mí a un hombre sobre quien casi no encontrabas nada en Google; sin embargo su capacidad de mover e inspirar a las personas era increíble. Al mismo nivel que los mejores líderes del pensamiento que he escuchado, Chris me regaló las herramientas que me han abierto a la vida más extraordinaria que había experimentado hasta entonces.

El coaching transformacional de Chris Lee ha impactado profundamente las vidas de cientos de miles de personas en las últimas tres décadas. Es una fuerza generosa e imparable para un cambio positivo en el mundo, así como un campeón imparable por la paz mundial. Gracias a su éxito como hombre de negocios y coach, pudo haberse retirado hace diez años y vivir feliz para siempre en la playa. Más bien, viaja por el mundo sin parar como un "maniático con una misión", literalmente salvando la vida de las personas y haciéndolas despertar a sus dones excepcionales. Chris ha sido el catalizador de innumerables proyectos de servicio, campañas de beneficencia y otros actos radicales de generosidad en todo el mundo.

Hace tiempo me preguntaba cómo era posible que Chris no tuviera una presencia significativa en Internet o incluso una página web. Pensé que ciertamente él debería ser más ampliamente reconocido ya que no sólo es tan brillante e impactante como los nombres más reconocidos en el ámbito del desarrollo personal, sino mucho más. Cuando le pregunté por qué era eso, me respondió que nunca vio la necesidad. Me maravilló el hecho de que Chris hace lo que hace sin buscar fama o reconocimiento, lo cual fácilmente puede obtener en cualquier momento. Hace su trabajo como mago silencioso, fuera del radar de la atención pública, y nunca deja un lugar de la misma manera que lo encontró, siempre lo deja mejor.

Apenas dos años después de ese taller que me cambió la vida, Chris se ha convertido en un buen amigo, mentor y ahora es mi coach personal. Sigo aprendiendo y creciendo constantemente bajo su tutela. Puedo decir con toda confianza que todos los éxitos que he tenido desde conocerlo han sido los logros más significativos de mi vida. El coaching de Chris Lee es *así de poderoso*. Las metas descabelladas que me fijé, como entrevistar a uno de mis ídolos, Anthony Robbins, en mi podcast, *The School of Greatness* (la Escuela de Grandeza), obtener un avance considerable por un contrato para escribir un libro con una editorial importante, vender una compañía por una cifra de siete dígitos, e incluso iniciar una relación romántica saludable y llena de amor, son el resultado de la influencia directa de este gran hombre. *10 Principios de Abundancia y Prosperidad* con Chris Lee es uno de los episodios más populares de *The School of Greatness.* Allí Chris nos habla de los principios que expande en su libro. Sigue siendo el invitado más popular, lo he presentado en ocho ocasiones (y seguimos sumando) y siempre trae contenido increíble en todas sus visitas. Sus entrevistas han sido descargadas más de 350,000 veces.

Como dice Chris, la abundancia no consiste en lo que tienes, sino en *quién* eres tú. Él enseña que la abundancia es un estado de conciencia, la conciencia de la gratitud, y la prosperidad es un resultado de esa conciencia. Chris Lee es un ejemplo viviente de estos principios.

Yo garantizo que si te lo permites y pones en práctica estos principios, el contenido de este libro cambiará tu vida. Tienen y siguen teniendo influencia en la mía todos los días. Chris Lee es un hombre maravilloso a quien le confiaría mi vida, y como él no hay otro. Los animo a que abran sus corazones y sus mentes a su sabiduría y experiencia para que ustedes también puedan vivir su mejor vida, una vida de abundancia y prosperidad bella e ilimitada.

Lewis Howes
Autor del best seller del New York Times
The School of Greatness

"Nuestro **mayor temor** no es que seamos inadecuados. Nuestro **mayor temor** es descubrir que somos poderosos más allá de toda medida. Es nuestra luz, no nuestra oscuridad, lo que más nos asusta. Nos preguntamos: ¿quién soy yo para ser brillante, hermoso, talentoso, fabuloso? En realidad, ¿quién eres tú para no serlo? Eres hijo de Dios. Hacerte de menos no es brindar un servicio al mundo. No hay nada inteligente en hacerte valer menos para que otra gente no se sienta insegura al lado tuyo. Todos estamos hechos para brillar, como lo hacen los niños. Nacimos para manifestar la gloria de Dios que está en nuestro interior. No está sólo en algunos de nosotros; está en todos. Y cuando dejamos brillar nuestra propia luz, inconscientemente le damos permiso a otra gente para hacer lo mismo. Cuando nos liberamos de nuestro propio temor, nuestra presencia libera automáticamente a otros."

- Marianne Williamson

ÍNDICE

INTRODUCCIÓN

"Maldije el hecho de que no tenía zapatos hasta que vi un
hombre que no tenía pies..."

– Antiguo proverbio persa

L A SOCIEDAD ODIA LA ESCASEZ. Siempre queremos más: más fama, más dinero, más influencia, más
amor, más color, más belleza y más tiempo en nuestras
vidas. Sin embargo, pareciera que entre más adquirimos
ese tipo de cosas, más se alejan de nosotros. Naturalmente, después de gastar tanto tiempo y energía tratando
de conseguir lo que se ve tan lejos de nuestro alcance,
nos resignamos a una vida mediocre, una vida promedio,
una vida de lucha y estrés. Nos conformamos con mucho
menos que el éxito extraordinario, la satisfacción y alegría
expansiva que estamos predestinados a experimentar.

La vida se debe vivir con pasión y alegría; es una
experiencia más allá de lo que pudiéramos imaginar
cuando tomamos y aceptamos toda la abundancia
que tiene por ofrecer. Deberíamos compartir nuestras
pasiones y nuestros dones libremente y sin recelo para
que otros puedan beneficiarse de la originalidad que se
encuentra en cada uno de nosotros. La vida se trata de
conectar con otras personas y el universo, de tal manera
que sepamos que somos parte de algo más grande. No
sólo somos parte de ello, sino que también nuestras

contribuciones le agregan un toque de belleza. A medida que creamos la obra maestra que llevamos dentro, damos nuevo color y vida a todos a nuestro alrededor.

Si bien todos y cada uno de nosotros puede alcanzar la abundancia y prosperidad, somos muy pocos los que logramos atraerla a nuestra vida. Una de las cosas que sigo escuchando en todos mis talleres es cómo la gente no tiene suficiente dinero, tiempo, amor o energía para tener o hacer lo que quieren. Hay una conversación de escasez generalizada en todo el mundo cuando la gente acepta que su situación actual está sellada por toda la eternidad. Nuestras vidas no tienen que ser de esa manera. Todas las personas en este glorioso universo tienen la oportunidad de crear abundancia y prosperidad en su vida. Cualquier cosa menos que eso no se debe a las circunstancias, el destino o las cartas injustas que crees que la vida te ha repartido. Pero se debe a que la gente lo está haciendo mal. No creen que se merecen más, no están claros en lo que quieren y no lo quieren con las suficientes ganas.

La gente no se da cuenta que crear una vida abundante y próspera es mucho más fácil de lo que piensan. Se trata de cambiar el modo de pensar. Todo, sin excepción alguna, proviene del modo de pensar, y cuando cambias esa mentalidad de escasez y carencia a una de abundancia y prosperidad, tu realidad cambia. Cuando cambia tu realidad, tus acciones y decisiones cambian, y por lo tanto, tus resultados cambian.

Muchos pueden pensar que ya saben esto, pero saberlo no es lo mismo que vivirlo, *realmente* vivirlo y practicarlo todos los días. Algunos de ustedes ya han escuchado sobre los poderosos principios que estoy a punto de compartir, pero no los implementaron fiel y rigurosamente en sus vidas. Otros de ustedes ya están viviendo estos principios y beneficiándose de ellos, pero piensan que es simplemente suerte. Muchos tienen que comenzar desde el principio, descubriendo y dándose cuenta de lo que los detiene, descubriendo cómo transformar los resultados de lo que actualmente están obteniendo a lo que de verdad quieren.

Este libro se trata de cómo despertar la abundancia que ya existe dentro de ti. Al despertar a la abundancia con la que naciste—sí, tú naciste con abundancia, ya está dentro de ti—y al serle leal, el resultado es prosperidad. Si vives tu vida de acuerdo con los principios específicos de abundancia y prosperidad, quedarás impresionado con los resultados que producen. Transformara tu vida para siempre. Créeme que están a punto de suceder cosas maravillosas, pero tienes que estar dispuesto a dejar que ocurran.

A mí me inculcaron la escasez desde muy niño. Nací en Long Island, Nueva York, el menor de cinco hijos. Cuando tenía dos años nuestros padres decidieron mudar a la familia a Puerto Rico en búsqueda de oportunidades de negocios y mi padre nos abandonó cuando tenía seis. Años después descubrí que estuvo en la cárcel en Nueva York por desfalco.

Mi mamá se quedó sola para criar y mantener a cinco hijos. Imagínense por un momento, una madre soltera criando a cinco hijos en un país extranjero sin saber el idioma. No había dinero. Sin embargo, mi mamá nunca se dio por vencida. Se aseguró de que siempre hubiera comida en la mesa y de que tuviéramos una buena educación. En ese entonces vivíamos en un apartamento de tres habitaciones, que mis cuatro hermanos y yo compartíamos, mientras mi mamá dormía en el sofá. Nunca había suficiente: nunca había suficiente tiempo ni dinero. Lo que si había en abundancia era miedo y escasez. Mi mamá tenía varios trabajos para ganar dinero para mantenernos. Enseñaba clases de *bridge*, y trabajó en ventas y publicidad, además de encontrar otros pequeños trabajos aquí y allá para proveer para nuestra familia. Aun así, nuestras vidas giraban alrededor de la carencia. Yo crecí sintiendo que no era suficiente y que nunca tendría suficiente. La mentalidad de escasez de nuestro hogar era muy real.

Nuestras circunstancias cambiaron cuando cumplí diez años. Mi mamá se casó con el hombre que se convirtió en mi padrastro, y empezamos a vivir con él. El contenido de nuestras vidas cambió, pero no el contexto. Todavía me sentía como un niñito pobre y abandonado. Extrañaba a mi papá, culpaba a mi mamá y odiaba mi padrastro. Siempre sentía que era "menos que" los demás. Abrumado por estas creencias limitantes, mis años de adolescencia fueron una pesadilla para mí y todos a mi alrededor. Me echaron de varias escuelas y siempre estaba en problemas. Afortunadamente, con el apoyo de mi madre y padrastro y su inquebrantable fe en mí, logré graduarme de la secundaria y para mis estudios universitarios fui aceptado por la Northeastern University de Boston.

Aunque ahora estaba en la universidad, seguía luchando con creencias limitantes como: "no soy suficiente", "no soy importante", "nunca tendré suficiente... amor, tiempo, dinero, autoestima". Fueron precisamente esas conversaciones e interpretaciones las que me mantuvieron en un estado de escasez. En esa época estaba trabajando en Chart House en Boston y ganaba bastante dinero, alrededor de $200.00 dólares por noche, lo que era mucho en ese entonces. Vi por primera vez que realmente podía hacer dinero, incluso mucho más que la mayoría de meseros debido a mi naturaleza generosa. Era auténticamente alegre, cariñoso y mostraba a mis clientes cuánto me importaban. Gracias a esta conexión que creaba con ellos, regresaban al restaurante y siempre pedían sentarse en mi sección.

Pero el dinero no era suficiente para alejar la escasez. Mis viejas creencias mantenían viva la escasez— creencias subyacentes de que terminaría en la calle, que me volverían a abandonar o que tendría una vida difícil como la que tuvo mi mamá por tantos años. Estaba ganando dinero, pero nunca ahorraba nada. Más bien lo gastaba todo y entré en un ciclo y hábito de acumular lo que ganaba para luego gastarlo. No pensaba que merecía dinero o abundancia. Aún no rompía esa barrera.

Fue cuando un amigo me invitó a participar en un taller transformacional que empecé a adquirir las herramientas de abundancia y prosperidad. A decir verdad, fui al evento sólo porque mis amigos iban también. No esperaba mucho de él y ciertamente no anticipaba que iba cambiar mi vida. En esos días era un escéptico, de hecho era el campeón mundial. Sin embargo, terminó siendo lo mejor que pude haber hecho y una de las herramientas más valiosas que he recibido; tanto así, que hoy dirijo ese tipo de talleres en todo el mundo.

¿Qué me hizo cambiar de opinión y volverme creyente? En uno de estos talleres me pidieron que escribiera en un diario mi visión y los resultados específicos que estaba comprometido a crear para mi futuro, un gran esfuerzo para mí porque no me gustaba mucho escribir. Para mí sentarme y concentrarme para escribir—con bolígrafo en mano y papel en blanco— era mucho trabajo. En ese diario tenía que escribir mi futuro y crear una estrategia de diez años. Así que escribí mis metas, riéndome todo el rato de lo absurdas que eran, pensando con sarcasmo cosas como ¡uy, claro, esto va a pasar de verdad! ¡Sí, cómo no!

Un mes después perdí el diario. En esos días vivía como un gitano, yendo de lugar en lugar. Me seguí mudando una y otra, y otra vez. Con el tiempo dejé de buscarlo y me olvidé de él. Doce años después encontré el diario en una caja, dentro de otra caja, dentro de otra. Lo abrí pensando que sería interesante ver lo que había escrito.

Me quedé de una pieza cuando vi que cada una de las declaraciones que había hecho en el taller se habían hecho realidad doce años después. Cada una. ¡Wow! No ignoré ni una. Dije que iba a ser entrenador, y lo hice. Dije que iba a unir a mi familia, y lo hice. Dije que iba a tener libertad financiera, y lo hice. Dije que iba a conocer al amor de mi vida, y lo hice (varias veces). ¡Claro que sí, no puedo negar la abundancia!

Como dije antes, yo era un escéptico cuando escribí todas esas declaraciones, pero completé el ejercicio y le seguí el juego. A veces nuestras propias creencias nos impiden soñar o declarar en grande. Pienso que se debe a que todos tenemos miedo de tener éxito y lograrlo, lo que sea que "lo" represente. Pasamos demasiado tiempo de nuestras vidas disculpándonos por nuestros dones y talentos. En este libro también aprenderás cómo superar eso.

Hoy sí acepto plenamente los principios de abundancia y prosperidad. Funcionan. ¡Soy la prueba viviente, abundante y próspera! Siempre quise la vida que estoy viviendo, pero ni en sueños imaginé que era posible. Lo que no sabía era que sólo estaba a diez principios de distancia de atraer todo eso mi vida. Pasé años en pos de un futuro que se volvía cada vez más elusivo, cuando todo lo que tenía que hacer era atraerlo a mi vida. Ya estaba allí. Siempre había estado allí. Pero estaba escondido de mí hasta que aprendí estos principios transformadores.

Tú también tienes el poder, la capacidad y el potencial de crear una vida de abundancia y prosperidad arrolladoras. Este libro es una oportunidad poderosa y determinante. Tienes el poder de crear la vida que quieres. Como siempre digo, "si tienes la capacidad de soñarlo, puedes crearlo". Estás a punto de iniciar una aventura con diez principios monumentales que transformarán tu vida. Cuando los apliques, ya no tendrás que buscar lo que quieres en la vida, más bien ¡lo que quieres te va a buscar a ti! ¡Que comience la aventura!

TWITEA ESTO:
La abundancia es un estado de conciencia.
La prosperidad es un resultado de esa conciencia.
#TransformaTuVida @ChrisMotivador

Capítulo Uno

¿QUÉ ES ABUNDANCIA Y PROSPERIDAD?

TWITEA ESTO:
Valor Propio = Valor Neto
– #TransformaTuVida @ChrisMotivador

LA GENTE SUELE TENER UN CONCEPTO EQUIVO-
CADO de la abundancia y prosperidad.
Por lo general suponen que equivale a cuánto tenemos—en la forma de dinero y posesiones materiales.
¿Cuánto dinero ganamos, qué tipo de automóvil tenemos y qué tanto hemos ascendido la escalera corpora-
tiva? Ese es el primer problema que debemos abordar;
debemos corregir nuestras definiciones erróneas de abundancia y prosperidad y definir lo que son en realidad.

Tú *ya* eres abundante. *Sí, desde ya.* En este minuto. Es
verdad. De hecho, eres multimillonario, simplemente
no lo sabes. Hay tantas cosas en tu vida que no tienen
precio y que no cambiarías por nada en el mundo. Si
yo te diera un millón de dólares y te quitara una de
tus cualidades más preciadas, ¿la venderías? ¿Perderías
tu vista o tu capacidad de escuchar para alcanzar
independencia financiera? ¿Venderías tu recurso o
característica más valiosa por poder o fama? La mayoría

de las personas no lo haría. No queremos deshacernos de algo que es valioso e importante para nosotros, y no deberíamos tener que hacerlo.

Ya somos abundantes porque tenemos algo invaluable en nuestras vidas. Como ilustra el dicho, nos quejamos de no tener zapatos hasta que conocemos al hombre sin pies. Somos afortunados de tantas maneras maravillosas. Sin embargo, nos seguimos enfocando en las cosas que no tenemos en lugar de las que sí tenemos.

La abundancia es saber, verdaderamente saber, que ya tenemos todo lo que necesitamos y que ya somos suficiente. Pero no logramos tener acceso a ella porque lo estamos haciendo todo al revés. El universo no responde porque malinterpretamos lo qué es la abundancia y cómo atraerla a nuestras vidas.

En primer lugar, la abundancia, la verdadera abundancia, consiste en ser agradecido de estar aquí, así como en reconocer y apreciar todo lo bueno que tenemos en nuestra vida.

Ahora demos un buen vistazo a la abundancia y quedemos claros sobre su significado.

¿Qué es la abundancia?

Casi toda la gente piensa que la abundancia quiere decir tener mucho dinero, tiempo, automóviles y cosas materiales. Eso no es abundancia, no es nada más que tener un montón de cosas. La abundancia no son cosas— debes tener abundancia *antes* de obtener esas cosas. Esas cosas que están en nuestros garajes, que ornamentan nuestras casas y adornan nuestros cuerpos son sólo cosas, son el resultado de la abundancia, no su definición.

Puedes eliminar cualquiera de esas cosas y seguir siendo abundante. Hay tantas cosas que tengo que no cambiaría por ninguna cantidad de dinero, y a final de cuentas, tampoco lo harías tú. ¡Ya eres abundante! Respiras. Puedes leer. Puedes hablar. Puedes ver. Puedes sentir. Tienes cosas que el dinero no puede comprar; ya eres, de hecho, abundante.

La abundancia es ser agradecido por lo que tienes, no sólo un aprecio a medias, pero de verdad sentirlo como tuyo. Si realmente lo sintieras y vivieras con todas las ganas, no habría espacio para las quejas, el enojo ni la tristeza en tu vida. Puedes perder $100,000 y aun así saber que eres abundante, ¡no perdiste las piernas o la vista! ¡Aleluya! ¡Sí! ¡Solo perdí $100,000! Te das cuenta de que la verdadera abundancia tiene todo que ver con cómo ves el mundo y eso tiene que ver con quien tú eres. Se trata de cambiar el estado de conciencia, y esa es la mejor definición que te puedo dar: es un estado de conciencia.

Cuando vives desde un espacio de gratitud y aprecio, puedes cambiar rápidamente tu conciencia de la escasez a la abundancia. Suena demasiado simple, pero estoy aquí para decirte que así es cómo funciona. No puedes tener lo que quieres sino hasta que sientes agradecimiento por lo que tienes. Pausa por un minuto y lee esa oración una vez más. No puedes tener lo que quieres sino hasta que sientas agradecimiento por lo que tienes.

Esta es una de las lecciones más profundas que vas a aprender, y no tendrás el privilegio de experimentar verdadera abundancia y prosperidad en tu vida sino hasta que aceptes y apliques esta práctica transformadora. Simplemente no sucederá.

La gratitud es el estado de abundancia. ¿Qué tienes por lo que puedes sentir gratitud? ¿Qué tal el hecho de que respiras? Piensa en las personas que no pueden respirar sin un tubo o una máscara. Puedes enfocarte en lo que puedes ver, escuchar, caminar y dormir. Todos ustedes que están leyendo esto pueden poner su atención en la bendición de que tienen algo que leer, el tiempo para leer y la capacidad de hacerlo.

Di gracias. Wow, estoy lleno de bendiciones. ¡Es un nuevo día! Tengo algo por lo que estar agradecido después de todo.

La abundancia es vivir la vida en una plataforma diferente. La abundancia es un estado de ser. Es un estado de conciencia centrado en un pilar de gratitud y generosidad. Cuando eres generoso y agradecido, la vida será generosa y agradecida contigo. Siempre. Cuando operas a partir de la gratitud y reconoces todos los enormes dones que tienes como ser humano, tu vida cambiará para siempre.

¿Qué es la prosperidad?

La prosperidad es la multiplicación de las bendiciones y abundancia en nuestras vidas. No es lo mismo que la abundancia. La abundancia es la mentalidad, y la prosperidad es el *resultado* de la conciencia de la abundancia. En mi opinión, la prosperidad representa las cosas que estamos destinados a tener, pero no tenemos porque tratamos de obtenerlas de la manera equivocada.

La mayoría de las personas operan de la escasez; el viejo ejemplo de ver el vaso medio vacío en vez de medio lleno. Vemos a través de nuestros lentes las cosas que no tenemos, lo que no creamos y lo que necesitamos pero pareciera nunca podemos adquirir, y como nuestra mente es como un imán, tiende a producir precisamente lo que vemos. Desafortunadamente, muchos de nosotros aceptamos la escasez, que es lo contrario de lo que queremos hacer. De hecho, nos aferramos a tal grado que la defendemos, a la vez que damos excusas del porqué no podemos dejar la escasez. Por supuesto no lo vemos de esa manera, pero no hay duda, la escasez es una creencia que se nos ha inculcado y hemos aceptado. No sólo la aceptamos, somos culpables de no dejarla desaparecer.

A continuación tienes una situación que escucho con frecuencia y que puede resonar contigo.

Chris, es como que no puedo salir adelante. Lo intento y lo intento, pero nada está funcionando. Crecí con padres que vivían en una lucha interminable por ganar lo suficiente para vivir. Mi papá era un obrero que ni siquiera vivía de sueldo en sueldo. Nunca había suficiente dinero y me recordaban constantemente que no podíamos permitirnos esto o hacer lo otro. Cuando me hice adulto juré que nunca iba a vivir así. Quería que mi familia tuviera una mejor vida, una que no fuera tan dura. Pero no importa lo que haga, pareciera que el ciclo se está repitiendo. ¿Qué estoy haciendo mal?

Mi respuesta:

No te voy a endulzar las cosas porque necesitas escucharlo y tomarlo de corazón. Eres tu padre. Te has convertido en tu padre. Creciste con la mentalidad de "no hay suficiente" y la adoptaste. No puedes ganar suficiente dinero, no tienes suficientes cosas y siempre te quedas corto de lo que quieres.

Has adoptado la mentalidad de escasez y estás repitiendo de nuevo las dificultades de tu padre. Quiero que detengas este ciclo e invites la abundancia y prosperidad a tu vida, DEBES, verdaderamente DEBES dejar de perseguirla y comenzar a sentir gratitud por lo que tienes. Deja de dar excusas del porqué las cosas están como están... y luego crea un compromiso sólido de atraer abundancia y prosperidad a tu vida.

Todo aquello en lo que enfocas tu pensamiento se expande. Si piensas en lo que no tienes—"no tengo dinero"—o si piensas en lo que aún no has creado—"todavía no tengo ese trabajo" o "todavía no he creado esa relación"— tu mente gravita hacia eso y se multiplica; en consecuencia, la única realidad que conoces es lo que no tienes. Nada cambia... o bien ¡obtienes más de lo que no quieres!

Perseguimos la prosperidad, perseguimos clientes y ventas, perseguimos relaciones y carreras. Perseguimos dinero. Pero entre más perseguimos esas cosas, más rápido se nos escapan. ¿Qué pasa si le damos vuelta al ciclo y en lugar de perseguir cosas, comenzamos a atraerlas? Imagina las cosas que queremos viniendo a nosotros por la simple razón que sentimos las merecemos. Wow. Eso es poderoso. ¿Qué estás atrayendo? ¿Cómo está tu valor propio? Los dos van de la mano. Tu valor neto equivale a tu valor propio. Si no sientes que mereces lo que tienes o no piensas que eres lo suficientemente inteligente, rico o educado, atraerás esos resultados. Groucho Marx dijo una vez: "Jamás aceptaría pertenecer a un club que admitiera como miembro a alguien como yo". ¿Saldrías en una cita contigo? ¿Invertirías dinero en ti? Tu valor propio determina eso.

Debes comenzar primero con la abundancia, que es una manera de ser, una manera de vivir. La prosperidad es el resultado. No puedes tener prosperidad sin abundancia. No se puede dar y no se logrará. Es imposible crear prosperidad desde una base fracturada. No importa lo que pongamos en una base rota, está rota y nunca será suficiente. Conozco a millonarios que viven en escasez. Por ejemplo, tengo un amigo que gana más de un millón de dólares al mes y es una de las personas más negativas y deprimidas que conozco. Él no confía en nadie, no es alegre, y tristemente, no es libre. Dice cosas como: "Todos me están usando". "No puedo confiar en la gente". "El IRS anda detrás de mí". Me maravilla cómo él no entiende que su alegría no viene del dinero, viene de su ser. Mi coaching para él es ser agradecido por todas las cosas que no tienen precio en su vida. A fin de cuentas, esas son las únicas cosas que van a importar, no sólo el dinero.

También conozco gente que no gana mucho dinero pero son totalmente abundantes, porque viven en aprecio y gratitud. Así que no se trata de lo que tienes, sino de quien tú eres.

Practica la Abundancia

Nos enfocamos en lo que no tenemos, lo que no hemos creado y lo que no hemos logrado. Esa es la mentalidad de escasez, de "no es suficiente". Es una energía negativa que aleja todas las cosas que buscamos. En lugar de atraerlas o gravitar hacia ellas, estamos haciendo exactamente lo opuesto y las repelemos.

El estado de abundancia es esa conciencia de despertar cada día, abrir tus ojos y decir "gracias". Gracias Dios mío. Gracias universo. Gracias por hoy. Gracias por todo lo que tengo.

Estoy agradecido. Ese es el primer ejercicio de este libro. Todos los días al despertar, abre los ojos y simplemente di la palabra "gracias", porque así comenzarás tu día de forma abundante. Estás diciendo "gracias, llegué a un nuevo día". Yo hago eso cuando me despierto todos los días. Me siento "¡Wow, lo logré! ¡sigo aquí!" No tomo la vida por sentado porque todos los días hay personas que no se despiertan. Como cuando viajo y el avión aterriza, me alegro y digo "¡Sí, llegué! Gracias". No es algo de lo que hablo, lo vivo. Verdaderamente lo vivo y lo practico religiosamente.

La próxima vez que estés pasando un mal momento y te des cuenta de que no eres feliz, o pienses que la vida te está lanzando cambios inesperados, o las cosas no están saliendo como quieres, recuerda que siempre tienes algo por lo que estar agradecido. Por ejemplo, si estás en un embotellamiento de tráfico y te sientes molesto—listo para darle un golpe al parabrisas o te gustaría soltar tu frustración con agresividad vengativa en contra de otro conductor—recuerda que un día no podrás conducir. Llegará el día en que desearás tener a dónde ir. Llegará el día en que no podrás ir a ninguna parte; como cuando mi padrastro me dijo en su lecho de muerte: "¿Sabes una cosa? Todo de lo que me he quejado es en realidad un lujo. Desearía tener de nuevo esas cosas para quejarme. Cuando estaba atascado en el tráfico, eso quería decir que tenía un lugar adonde ir, y ahora estoy aquí atrapado en esta cama".

Lo que es bueno o malo en nuestras vidas no es más que una interpretación. Nosotros elegimos la interpretación. Nosotros siempre elegimos, podemos elegir una interpretación negativa o positiva. Depende de nosotros. Siéntete agradecido, enfáticamente agradecido, por todo en la vida y considéralo una verdadera bendición. Cuando ves la vida como una bendición, se abrirá la puerta a la abundancia y prosperidad para ti. Siempre ha estado allí, pero tu estado de conciencia no te permitía verlo. Lo bueno, lo malo y lo feo de la vida son todas bendiciones. Incluso los fracasos de la vida son lecciones disfrazadas. Aunque no lo creas, aún la más dura de las condiciones puede ser una bendición escondida, pero depende de ti verlo desde esa perspectiva. Cuando lo haces, abrirás la puerta a la abundancia y prosperidad. Para darte un ejemplo, Viktor Frankl, el autor del libro *El hombre en busca de sentido*, encontró su libertad en un campo de concentración. En conclusión, recuerda que la abundancia no se trata de dinero o cosas. La abundancia es un estado mental. Se trata de tener suficiente, sentirte agradecido y bendecido por lo que tienes.

Cuando llegas a ese estado y lo vives cada día, encontrarás la prosperidad. La prosperidad es un derivado o resultado de la abundancia. Cuando te enfocas en lo que se te ha dado y todo lo bueno, recibirás más de eso. Así funciona el universo y ha sido así desde el principio de los tiempos. Pero si te enfocas en lo que no tienes, el universo te dará más de lo mismo. No discrimina.

Los principios que estás a punto de aprender cambian la vida. Te llevarán a lugares nunca imaginados. Te ayudarán a atraer amor, libertad financiera, paz, alegría, salud y prestigio, lo que sea que tú quieras. Pero sólo si estás comprometido y lo quieres con todas las ganas.

¡Estás listo? Adelante.

PRACTICA LA GRATITUD:

TWITEA ESTO:
Cuando vivo en Gratitud la vida me dara mas para
Agradecer
#TransformaTuVida @ChrisMotivador

Escribe diez cosas por las que sientes agradecimiento:

1. _____

2. _____

3. _____

4. _____

5. _____

6. _____

7. _____

8. _____

9. _____

10. _____

Capítulo Dos

PRINCIPIO 1:
EL PRINCIPIO DE DAR

"El propósito de la vida es encontrar tu regalo. El trabajo de
la vida es desarrollarlo. El sentido *de la vida es entregarlo*."
— David S. Viscott, de su libro
Finding Your Strength in Difficult Times: A Book of Meditations

EL PRIMER PRINCIPIO es dar, el cual es el más fundamental y sobre el que se basan los demás principios. Dar es la tendencia natural de la vida. Cuando das libremente, se multiplica lo que vuelve a ti. Dar es un modo de vida. Dar se manifiesta al compartir, aportar, servir, amar y cuidar.

Dar es un río que fluye continuamente. Cuando adoptas este principio, es tu oportunidad de convertirte en el Señor o la Señorita Generosidad con todas tus cualidades y talentos mágicos, no sólo unas cuantas veces, sino todo el tiempo. Sí, todo el tiempo. No sólo cuando te da la gana, sino siempre. Cuando eres generoso con el mundo, el mundo será generoso contigo. Si quieres abundancia y prosperidad en tu vida, dar no es algo optativo. Un dador es alguien que da sin condiciones, no sólo cuando quiere o cuando las circunstancias son adecuadas, sino siempre. Dar es valorarte a ti mismo y tus contribuciones y entregarlos *libre y voluntariamente*. Imagínate como si tuvieras una fuente infinita y entre más das, más se vuelve a llenar. Tú eres un regalo a ti mismo y a los demás. Eres una estrella de rock. Eres amoroso, talentoso y generoso. Cuando eres consciente de que eres un regalo, de que todo en tu vida es una bendición y de que la abundancia es en realidad un estado de gratitud y ser agradecido, entonces la tendencia natural es dar.

Dar es enfocarte en lo que está fuera de ti. Enfócate en las personas a tu alrededor, en tus hijos, en tu pareja, en tus compañeros de trabajo. Sé un dador dondequiera que vayas. En la vida hay dos tipos de personas: los que dan y los que quitan. Creo firmemente en la ley de la atracción y que lo que das regresa a ti multiplicado. Por ejemplo en 1989, la Madre Teresa recibió el premio Nobel de la Paz por sus treinta años de entrega a los pobres y los enfermos en la India. Ella utilizó los $190,000 del premio para construir hogares para los indigentes, especialmente los leprosos, y lo llamó un "regalo para los pobres". Hoy ella deja un legado de generosidad que nunca se detiene.

El día que morimos, no nos llevamos nada con nosotros. Lo que importa es lo que dejamos. Cuando damos por la simple alegría de dar, lo que recibimos está precisamente en lo que damos.

Verdaderamente traemos nuestro propio ser a nuestras vidas, lo que pensamos, lo que hablamos y quiénes somos. Así que si quieres una vida llena de alegría, amor, pasión y éxito entonces debes empezar a dar amor, alegría y pasión.

Cuando das es necesario que reconozcas todas las cosas buenas que están funcionando en tu vida. Sí, tienes cualidades y características buenísimas y maravillosas.

Es necesario que reconozcas todo aquello de lo que te sientes orgulloso. Al reconocer tu propia dignidad, valor y logros, puedes compartirlos auténticamente y usarlos como base para crear a partir de ellos.

Practica el dar

Hay dos modos de pensar en la vida. Uno es "¿Qué hay para mí?" y el otro es "¿Qué puedo contribuir?" Si te despiertas diciendo "Gracias. ¿Qué puedo contribuir hoy?" en lugar de "¿Qué va a hacer el día de hoy para mí?" has descubierto la conciencia del dar. Regala una sonrisa, da un abrazo, da un reconocimiento, haz todo lo posible para hacer una diferencia, realiza actos de bondad espontáneos, alégrale el día a alguien. Comparte tu ser con el mundo. Canta en el metro para que todos puedan disfrutar tu melodiosa voz. Regala tus dones, hay suficiente y mucho más de dónde provienen.

Cuando haces eso, activas la conciencia y el estado de abundancia a tu alrededor de modo que las cosas empezarán a fluir hacia ti. Probablemente no tendrás idea como pasó eso y te sentirás maravillado con el hecho de que en realidad está pasando. Lo digo en serio. Te van a empezar a llegar cheques por correo. La gente te va a ofrecer trabajos. Van a empezar a aparecer relaciones porque te estarás manifestando de tal manera que generas un espacio para el éxito en los negocios, el amor, el dinero y la alegría.

Cuando a las personas las guía un espíritu de contribución en los negocios—servicio y generosidad empresarial—tu negocio se vuelve irresistible para los demás. Así que si quieres un negocio irresistible y ser un empresario irresistible, debes ser una persona irresistible. Cuando eres una persona que practica el dar, estarás generando abundancia dondequiera que vayas y con todas las personas que conozcas.

Ser generoso es permitir que el amor y la alegría en tu corazón, así como los dones que son tan inequívocamente tuyos, salgan a la luz para que puedas compartirlos con otros. Todo proviene de la autoestima y la única persona que puede otorgarte esa autoestima eres tú mismo; no la originan los cumplidos o los elogios, ni tampoco requiere premios ni validación. La autoestima sólo tiene un punto de origen: tú mismo.

Dar es un reconocimiento de todas tus magníficas habilidades. Es decirte a ti mismo que eres todo un profesional, una estrella de rock, el rey o la reina. Eres importante, tanto para ti mismo como para los demás. Eres *valioso*.

Cuando practicas el dar, reconoces tus dones, tus talentos y tu valor en el mundo. Lo que compartes libre e incondicionalmente, vuelve a ti multiplicado. Yo siempre digo que si tratas bien a las demás personas, te van a tratar bien a ti, la mayor parte del tiempo. Si las tratas como basura, entonces a ti también te tratarán como basura, la mayor parte del tiempo. Es como un bumerán—envías hermosas cualidades, dones y talentos a otros, y todo regresa a ti. No hay una mejor manera, o más satisfactoria, de crear abundancia.

A veces descontamos nuestros logros cuando decimos cosas como "Tuve suerte" o "Fue casualidad". Para que seas capaz de dar, tienes que reconocer lo que tienes para dar. Por ejemplo, ¿cuáles son tus talentos? ¿Qué haces bien? ¿Eres bueno para la cocina? ¿Eres un buen bailarín? ¿Eres la reina de la salsa? ¿Eres bueno para organizar? ¿Eres un gran coach? No importa cuán mediocre te sientas, hay algo que puedes hacer que otros tal vez no puedan hacer tan bien como tú. Reconoce qué es eso y regálalo. Sé una persona generosa.

Escribe una lista con diez de tus talentos y habilidades. No los confundas con maneras de ser, por ejemplo soy una persona amorosa, soy feliz todo el tiempo. ¿Qué haces bien? ¿Eres un gran amante, excelente cuidando a los demás, un fantástico escritor? ¿Eres un gran padre o una gran madre, o eres un orador fenomenal? Todos tenemos miles (sí, miles) de cosas que hacemos maravillosamente bien. Date crédito a ti mismo y escribe diez de ellas.

PRACTICA EL DAR

TWITEA ESTO:
Cuando doy sin expectativas, lo que regresa a mi es inesperado y viene multiplicado.
#TransformaTuVida @ChrisMotivador

Escribe tus 10 mejores talentos y habilidades.

1. _____

2. _____

3. _____

4. _____

5. _____

6. _____

7. _____

8. _____

9. _____

10. _____

PRACTICA EL DAR

Escribe tus 10 mejores logros.

1. _____

2. _____

3. _____

4. _____

5. _____

6. _____

7. _____

8. _____

9. _____

10. _____

Cuando eres generoso con el mundo, el mundo será generoso contigo. #TransformaTuVida

Encuentra una organización para trabajar como voluntario que se alinea con tus valores y principios. Por ejemplo, la fundación Make-a-Wish Foundation (www.wish.org), St. Jude (www.StJude.org), etc.

Capítulo Tres

PRINCIPIO 2:
SOLTAR

"La vida te enseña el arte de soltar las cosas y las situaciones en cada evento. Cuanto aprendes a dejar ir las cosas, serás feliz y a medida que seas más feliz, más te será dado."
— SRI SRI RAVI SHANKAR

EL SEGUNDO PRINCIPIO de abundancia y prosperidad es soltar, también conocido como dejar ir. Soltar quiere decir dejar ir el pasado. No se trata solamente de desahogarte en este momento emocional en el que te encuentras ahora. Es un proceso mental, espiritual y emocional cuyo propósito es eliminar creencias y barreras que limitan tu capacidad de crear prosperidad en tu vida. Puedes eliminar dudas, sentimientos, miedos, actitudes y suposiciones. Soltar es avanzar cuando te deshaces de energía negativa y te perdonas a ti mismo y a los demás.

En este capítulo aprenderás cómo deshacerte de todas las creencias fijas y paralizantes que tienes sobre el dinero, las relaciones y los logros. Cualquier sentimiento negativo al que te aferres interferirá con la abundancia y reforzará la escasez. Cuando rompes esa barrera, sueltas y le haces caso a la letra de las canciones de los Beatles y la película de Disney *Frozen*, *Let It Be* (déjalo ser) y *Let It Go* (déjalo ir), le abrirás las puertas a la abundancia porque liberas toda la energía atrapada en esas creencias limitantes, la cual tú necesitas para crear prosperidad en tu vida.

Con demasiada frecuencia nos aferramos a esos obstáculos mentales. Por ejemplo, la culpa es asesina. El resentimiento es otro destructor. Les damos demasiada prominencia e importancia en nuestras vidas, pero son sólo sentimientos. Eso es todo. Son sólo sentimientos que estamos cargando y que nos detienen. Tienes que dejar ir todas las relaciones rotas, los negocios que no funcionaron, los pensamientos y creencias negativas, y simplemente deshacerte del enojo, el resentimiento y la culpa que han construido una muralla contra tu capacidad de poder dejar todo eso en el pasado. Están bloqueando el acceso a lo que quieres, entonces ¿por qué quieres aferrarte a ellos?

A veces soltar es decir no a seguir teniendo la necesidad de tener la razón. No importa si tienes la razón. ¿Qué prefieres, tener la razón y estar muerto, o estar vivo? Puedes tener la razón hasta la tumba o puedes vivir. Y muerto no quiere decir necesariamente estar bajo tierra, puede tratarse de ir por la vida en un estado miserable, lo que para mí no es vivir, es existir y de hecho miserablemente.

Cada uno de nosotros tiene actitudes, creencias subyacentes y suposiciones que limitan la abundancia y prosperidad. Tal vez crecimos con ellas, la sociedad o nuestra familia nos las impuso o las adoptamos de las personas a nuestro alrededor. El hecho de tenerlas no nos obliga a aferrarnos a ellas. Nuestras creencias limitantes pueden ser herencia de nuestros padres, lo que no significa que debamos cargarlas el resto de nuestros días. Es posible que las mujeres tengan creencias sobre los hombres y los hombres sobre las mujeres. Todos tenemos creencias y conversaciones limitantes—conversaciones internas en nuestra propia mente que aparecen para recordarnos lo que no podemos hacer, no podemos tener y no podemos ser. Para poder tener lo que queremos, ser lo que queremos y hacer lo que queremos, debemos dejar ir estas creencias.

Dejar ir no es solamente una catarsis emocional o despejar creencias limitantes; se trata de limpiar tu ambiente y eliminar el exceso de equipaje. Piensa en la serie de televisión de Estados Unidos *Hoarders* (Acaparadores), esas personas no pueden soltar nada. Su ambiente externo también ilustra lo que está ocurriendo internamente con ellos. Dejar ir se trata de eliminar el desorden y las cosas de tu vida que te agobian y ya no te dan valor. Es sacar las cosas viejas de tu casa, la ropa vieja de tu clóset, etc. Es deshacerte de lo que ya no te sirve o que no representa la vida que tú quieres. Aclarar es muy importante. Puede ser con otra persona, perdonar y soltar, aclarar las cosas o incluso alejarte de una relación. Sin embargo, no tiene que ser con otra persona. Puede ser entre ti mismo y tus demonios y la negatividad en tu mente. Sí, con frecuencia nosotros mismos somos nuestro mayor obstáculo. ¿Estás molesto o enojado? ¿Eres inseguro? ¿Tienes creencias acerca del dinero o el éxito que te están deteniendo? ¿Piensas que no vales o no eres capaz? Elimina todo eso, encuentra la energía para soltarlo de modo que finalmente puedas seguir adelante con toda plenitud.

Tengo amigos que van a la playa para hacer esto. Aman el mar y es su espacio para soltar. Traen un símbolo que representa el pasado y lo lanzan al océano, dejando que el agua lo lleve muy lejos donde quedará perdido por siempre en el mar.

Nos aferramos a sentimientos, creencias, dudas y relaciones. Tengo amigas, por ejemplo, que siguen enojadas con sus ex novios por algo que pasó hace seis años. Tengo amigos que siguen amargados con socios de negocios que los estafaron hace diez años. Mientras no lo suelten, eso se seguirá interponiendo en su camino a la abundancia y la prosperidad.

El proceso de aclarar con otras personas

¿Cómo aclaras cosas con alguien más? Siempre debes venir de la responsabilidad. Puedes decir, "quiero que sepas lo importante que eres para mí y me importa que nuestra relación sea siempre honesta y transparente. Quiero ser honesto contigo. Hay ciertas cosas entre nosotros y quiero dejarlas en el pasado. ¿Tengo tu permiso para aclarar contigo?"

Tienes que crear el permiso, depende de ti establecer la relación. "Eres importante para mí". Si la persona no es importante para ti, no vas a querer aclarar con ella, así que determina su importancia para ti y comunica lo que necesitas comunicar desde la responsabilidad.

Aclarar no quiere decir criticar a la otra persona. No se trata de decirle "¡Eres un desgraciado, mira lo que me hiciste!" Es más bien: "Quiero que sepas que me di cuenta que me sentía molesta por esto, esto y esto, y lo que pido de ti a partir de este momento..." y complétalo con tu petición. Es comunicar lo que te molesta y luego lo que pides de la otra persona, quien puede aceptarlo o rechazarlo y tú eliges si aceptas que esa persona continúe en tu vida, o no. A final de cuentas, aclarar no se trata de la otra persona, se trata de ti. Se trata de liberar tu energía. Creo firmemente que no es necesario estar con la otra persona para aclarar con él o ella. No hay necesidad de un encuentro cara a cara o una conversación íntima porque si estás dispuesto a tomar responsabilidad de tus propias emociones y sentimientos, entonces no se trata de la otra persona, se trata de ti. Puedes aclarar con ellos con sólo hacer un compromiso mental contigo mismo de dejar atrás tu dolor, ira o culpa y seguir adelante.

El proceso de aclarar con nosotros mismos

De la misma manera que aclarar con otros es importante para crear una mentalidad de abundancia y prosperidad, es también importante aclarar contigo mismo, deshacerte de creencias que ya no te sirven y que limitan todos los aspectos de tu vida. Nuestras creencias limitantes son nuestro sistema interno de GPS. La gente piensa que tienen que verlo para creerlo, pero yo creo que es al revés: ¡si lo creemos, lo veremos!

Por ejemplo, algunos individuos tienen la creencia de que no merecen o no pueden tener dinero. Una persona me dijo que creía que el dinero solo estaba destinado y accesible para el dos por ciento superior de la población ¡Wow! Qué creencia tan limitante. No pierdas tiempo, identifícala y elimínala. Sácala de tu mente porque es como un cáncer en tu billetera y tu cuenta bancaria, te impide obtener la riqueza y la libertad con independencia y seguridad financiera que te mereces.

Nuestras creencias no sólo afectan nuestras cuentas bancarias, también afectan nuestra salud. Conozco a personas que han cambiado su salud al cambiar sus creencias. Por ejemplo, conocí a un caballero que tenía cáncer en etapa cuatro, lo voy a llamar Javier. No permitió que su diagnóstico de cáncer lo definiera, aunque su hermana acababa de morir por la misma enfermedad. Participó en mi taller y tuvo la oportunidad de confrontar sus creencias limitantes y romper con ellas. Al eliminarlas, transformó su vida y su mentalidad pasó de víctima a vencedor. Su salud respondió y mejoró drásticamente. Siete años después, sigue aquí y libre de cáncer. Es una de las transformaciones más notables que he visto.

Recuerda que las creencias no son hechos, son sólo interpretaciones. Todas esas creencias vienen de nuestro pasado y soltarlas puede parecer difícil o casi imposible. Dejar ir no es un proceso de una sola vez—*es una elección de momento a momento*. Sólo porque la semana pasada estabas lleno de amor y generosidad no te excusa de ser generoso y expresar amor esta semana. Sólo porque te deshiciste de una creencia la semana pasada, no quiere decir que no la vas a volver adoptar la siguiente. Cómo actuamos y pensamos en cada minuto de nuestras vidas es una elección.

Elige en este momento dejar ir creencias, actitudes y cualquier emoción negativa que estés guardando. Cuando lo hagas, sentirás como si te quitaran una carga de dos toneladas. Tu vida será más liviana. Tu corazón será más feliz. Y tu mente será libre de aceptar toda la increíble abundancia para la que has hecho espacio.

Maneras de soltar

Escribir en un diario es una buena manera de soltar. Escribe todos esos sentimientos negativos, creencias y actitudes que ya no te sirven y la vida que quieres crear. Sácalos de tu cabeza y tu corazón y ponlos en papel, luego cierra el cuaderno y no lo vuelvas a mirar. Puedes escuchar una canción, reflexionar sobre eso y dar una buena llorada. En serio, llorar funciona. ¿A cuántas personas conoces que les encanta ver una película sentimental? Esa liberación se siente fantástica. Las mujeres lloran, los hombres lloran, de verdad, sí lo hacen. Sólo date permiso de tener un momento de catarsis y soltarlo todo.

Una de mis recomendaciones es que la gente escuche música, preferiblemente música suave de relajación. *Watermark de* la cantante irlandesa Enya es una de mis favoritas para esos momentos cuando me siento dolido. Escucha la música y siéntela, a la vez que pones tus manos en la parte del cuerpo donde sientes dolor. Algunas personas sienten el dolor en el estómago porque se lo tragan todo y lo guardan allí. Otras lo sienten en el corazón y otros en la cabeza.

Si estás pasando por un momento doloroso en tu vida, tómate un momento y respira profundo, exhala, luego pon tus manos sobre el corazón y piensa en esas cosas en tu vida que te causan dolor. A veces nos aferramos a personas que ya fallecieron y no hemos sentido plenamente su pérdida y no los hemos dejado ir, o podemos seguir apegados a relaciones rotas o sueños rotos. Inhala, aférrate a esos sentimientos por sólo un instante, luego exhala y deja que se vayan de tu cuerpo. Dejar ir es un hermoso proceso.

La culpa es otra creencia limitante y negativa. Nos flagelamos a nosotros mismos todo el tiempo por cosas de las que nos arrepentimos, cosas que hemos hecho y cosas que hemos dicho. Nuestro pasado puede ser nuestro peor enemigo. Nos aferramos a esas cosas que no hemos perdonado o soltado. Somos los reyes de castigarnos a nosotros mismos y las reinas de juzgar, tanto a nosotros mismos como a los demás. Perdónate, suéltalo, acepta las creencias y luego disuélvelas.

Si eres sincero y de verdad quieres perdonar, suelta la culpa, las dudas, la negatividad y la inseguridad, sentirás como tu carga se hace más ligera y tu corazón se elevará. Harás espacio para lo que quieres, no para lo que no quieres, en tu vida.

¿No te parece que ya has estado enojado por suficiente tiempo? ¿No es hora de que te perdones y dejes de castigarte por cosas que no puedes cambiar? El pasado es el pasado. Tienes el poder de soltarlo. Déjalo ir. Supéralo y sigue adelante.

El valor de aclarar con otras personas

Tiene valor aclarar con otros. Es diferente para cada persona y creencia. La libertad era mi valor más importante. Seguí este proceso con una ex pareja y ahora estamos más cerca que nunca. Al principio había miedo, pero ahora podemos ser amigos porque ambos aclaramos y veníamos desde un espacio responsable. Ahora nos podemos conectar y hemos descubierto una relación mucho mejor que nunca. Si no hubiéramos aclarado las cosas, los dos nos habríamos perdido ese regalo.

Lo hice viniendo desde la gratitud. "Tengo tanto que agradecerte a ti, a nuestra experiencia y nuestra relación, pero hubo cosas que de verdad no funcionaron para mí y quiero expresarlo." No estaba a la defensiva o tratando de protegerme, más bien estaba en un espacio abierto y amoroso. Esa energía es la que realmente marca la diferencia. Ser positivo y agradecido—sí, volvemos a ver esa palabra—por lo que fue y lo que puede ser, convierte una creencia o actitud negativa en una emoción o sentimiento positivo. Para mí eso es mejor que cargar un edificio de dos toneladas lleno de amargura y enojo.

Para mí el perdón es la forma más importante de aclarar y soltar cualquier cosa. Es verdaderamente la llave para la libertad. En un entrenamiento, una señora, a quien llamaré Sara, compartió su historia. Ella nos contó como un conductor ebrio mató a su único hijo cuando iba caminando a la casa de su novia. Su nombre era Peter, tenía dieciocho años y estaba de visita de la universidad. El auto del conductor ebrio se salió del camino saltando hacia la acera y lo mató al instante. Sara estaba desolada y llena de furia, sobre todo cuando se dio cuenta de que el conductor ya tenía diez condenas por manejar en estado de ebriedad. Su ira y resentimiento eran tan intensos que había desarrollado cáncer en todo el cuerpo. Un buen día se le ocurrió, "si no lo perdono, el conductor ebrio me va a matar a mí también". Como parte de su proceso de aclarar, programó una reunión cara a cara con él en la cárcel y dijo todo lo que estaba sintiendo hasta que ya no tenía más por decir. Ella eligió perdonarlo. Después de esta reunión y una serie de acontecimientos posteriores, Sara terminó adoptando a los hijos de este hombre, porque estaba condenado a pasar el resto de su vida en la cárcel. Luego su cáncer entró en remisión. Eso fue hace diez años y a la fecha sigue libre de cáncer.

Perdonar es elegir soltar. No se trata de la otra persona o de quién tiene la razón, eliges tener tu poder. Así que perdona a todos, especialmente a ti mismo.

PRACTICA SOLTAR

Escribe en una lista las creencias limitantes que se te vienen a la mente en las áreas que mencionaré a continuación. Cuando tengas la lista, sustituye cada palabra con una creencia positiva. Por ejemplo, cambia "el dinero es difícil" por "el dinero es fácil", "las relaciones nunca duran" por "las relaciones siempre duran" y "es difícil bajar de peso" por "bajo de peso con facilidad".

DINERO:

RELACIONES:

SALUD:

#2 Escribe una lista de las personas que eliges perdonar y lo que les perdonas.

Ejemplo: Perdono a *mi papá* por *abandonarme.*

Ahora es tu turno:

Perdono a _____

por _____ .

Perdono a _____

por _____ .

Perdono a _____

por _____ .

Perdono a _____

por _____ .

Perdono a _____

por _____ .

Escribe una lista de las cosas que eliges perdonarte a ti mismo.

Ejemplo: Me perdono por ser tan dura conmigo misma todo el tiempo.

Ahora es tu turno:

Me perdono por:

_____ .

Me perdono por:

_____ .

Me perdono por:

_____ .

Me perdono por:

_____ .

Me perdono por:

_____ .

TWITEA ESTO:
La única manera de seguir adelante es soltar y cerrar
el pasado.
#TransformaTuVida @ChrisMotivador

Cuando perdono soy libre.
#TransformaTuVida @ChrisMotivador

Capítulo Cuatro

PRINCIPIO 3:
INTEGRIDAD

"La integridad es elegir tus pensamientos y acciones de acuerdo a tus valores y principios."

– Chris Lee

EL TERCER PRINCIPIO de abundancia y prosperidad es la integridad. Es honestidad, plenitud y ser honesto contigo mismo. Es operar desde tus valores y principios. La integridad es mantener tu palabra contigo mismo y con los demás. Para crear integridad, debes limpiar todo acuerdo que no hayas cumplido, acciones incompletas y cosas que no hayas comunicado.

Ahora que ya tenemos la definición formal, hablemos de la integridad. Somos los primeros en romper nuestras promesas con nosotros mismos. Tal vez tengamos algo programado y no lo hacemos. Quizás hayas hecho promesas o arreglos con otros y no cumplido. No importa la situación, es hora de limpiar eso y dejar de hacerlo si queremos una vida de abundancia y prosperidad.

Lo que es innegable sobre la integridad es que es precisamente el área en la que no nos podemos engañar a nosotros mismos. Estamos en integridad o fuera de integridad. Actuamos de tal manera que o somos personas honorables o no somos dignos de confianza. No hay atajos. No hay esquemas para hacerse rico fácilmente. La integridad se trata de hacer tu tarea. Se trata de ser alguien que cumple su palabra, honra sus acuerdos y opera desde un espacio de ética y principios. Creas plenitud y credibilidad cuando estás en un espacio de principios, valores y ética.

Cuando no cumples un acuerdo y estás fuera de integridad, tu abundancia tiene obstáculos porque tu energía se ve desperdiciada y absorbida en el proceso de encubrir, mentir y hacer excusas para tapar lo que hiciste. Debes haber escuchado historias de personas trabajan tanto para estar al corriente de sus mentiras. Una mentira lleva a otra, una excusa lleva a otra. ¿Se te ocurre algún político o celebridad? Por ejemplo, el escándalo de Bill Clinton con Mónica Lewinsky. En poco tiempo pasan más tiempo encubriendo las mentiras de lo que les hubiera tomado ser directos y honestos y cumplir su palabra. Cuando rompemos nuestra palabra y lo cubrimos, perdemos nuestra propia autoestima y nuestra credibilidad ante los demás.

Por ejemplo, en un entrenamiento observé a un hombre—que llamaré John—que parecía extremadamente cerrado y enojado, y estaba tratando de convencer a todo el grupo que no necesitaba estar allí. Yo sabía que algo no estaba bien con su integridad y los demás participantes también lo notaron. El único que no lo sabía era él mismo, estaba convencido que era perfecto y no necesitaba estar allí. Cuando le di coaching descubrí que llevaba 12 años siéndole infiel a su esposa. Cuando lo aceptó y admitió que estaba fuera de integridad, le cambió la expresión en la cara. Se volvió más gentil, abierto y amoroso. Al admitir que estaba fuera de integridad, recuperó su autenticidad. Hizo un compromiso de ser honesto con todas las partes involucradas. Esto demuestra que una vez que resuelves la falta de integridad en tu vida y lo confiesas, te libera. Al final del día, todos ocultamos algo o tenemos placeres ocultos.

Aquéllos que tienen problemas con la integridad tendrán que trabjar en ello toda la vida. No es sólo decir la verdad, es ser honesto de otras maneras. Es decirle a las personas cómo te sientes. Es no decirle a la gente lo que quieren oír. La integridad es aprender a decir no cuando necesitas hacerlo y cómo decir que sí cuando quieres.

¿Le debes dinero a otras personas y los evitas? No evites las personas o el acuerdo. Ten la valentía de admitir que debes el dinero pero que no lo tienes en este momento y haz planes para ocuparte de eso y vivir en integridad. Te ganarás el respeto de dos personas: tú mismo y tu acreedor.

La integridad necesita dos cosas: responsabilidad y respuesta. Yo uso amorosamente el término responsable—o capaz de responder—para identificar las áreas en las que no estamos en integridad y además no respondiendo de forma responsable.

Estar en integridad quiere decir una vida impulsada por principios, una vida con valores. Todos tenemos valores, cosas que consideramos importantes y que guían nuestras vidas. Toma unos momentos para definir tus diez principios y valores principales. ¿Cuáles son los diez principios y valores más importantes que estás comprometido a vivir a partir de este momento?

Reflexiona sobre este tema y al final del capítulo tendrás la oportunidad de ponerlos por escrito.

La credibilidad se trata de confianza y relaciones. Creas abundancia y prosperidad cuando honras tus acuerdos, cumples tu palabra, tienes ética y actúas de acuerdo a esa plataforma. ¿Entiendes cómo funciona? No hay nada que dañe más tu autoestima que romper tu palabra (contigo mismo o los demás), no cumplir acuerdos, mentir, engañar, robar, estafar a la gente y buscar alguna trampa en el sistema para aprovecharte. Recuerda que siempre vas a pagar todo lo que hagas en la vida, lo pagas ahora o lo pagas después. Podemos correr pero no escondernos, sobre todo de nosotros mismos.

Paga ahora mismo. Salda tus deudas con acreedores, parientes, compañeros de trabajo o la sociedad. Comienza con borrón y cuenta nueva y un saldo de cero. Cumple tus promesas, paga tus cuentas y rectifica tus errores. Convierte la falsedad en honestidad y la superficialidad en sinceridad. Cuando lo hagas, te gustará cómo te sientes y tu amor propio y tu autoestima se irán por los cielos como resultado.

Con tu palabra tienes tres opciones: puedes a) cumplirla, b) romperla, o c) renegociarla. La única inaceptable es romperla. Cuando lo hagas tienes que admitirlo, tomar responsabilidad y rectificarlo. Si eliges renegociar tu palabra, debes hacerlo antes de la hora acordada. Por ejemplo, si tu junta era a las 12:00 del mediodía, no vas a renegociar a las 12:01, lo harás antes de las 12:00. Para que una renegociación funcione, ambas partes deben considerarlo aceptable y factible. De lo contrario es una negociación forzada, lo que nuevamente hace que estés fuera de integridad.

Cómo practicar la integridad:

Si quieres verdadera abundancia en tu vida, debes operar de la integridad, lo que quiere decir rectificar acuerdos incumplidos. Si tienes una serie de acuerdos rotos, rectifícalos. Usa palabras como: "lo siento, metí la pata, reconozco que no cumplí lo acordado, mi compromiso es..." Toma responsabilidad en lugar de esconderte.

¿Tienes deudas que pagar? ¿Un garaje por organizar? ¿Asuntos incompletos o promesas rotas? Cumple con todo eso. Organiza tus cosas. Termina lo incompleto. Cumple tu palabra. Las palabras de un hombre solían valer tanto como su dinero. Haz que tus acuerdos vuelvan a tener valor. Elimina esas sombras que pesan sobre ti, acéptalas y toma responsabilidad.

El valor de la integridad:

A menudo cuando hacemos del dinero el punto central de nuestras vidas, descubrimos que viene y se va. Las relaciones vienen y se van. Los negocios y los trabajos vienen y se van. Pero cuando haces de los principios el eje central de tu vida, eres pleno y completo y puedes atraer eso. Ese es un estado abundante.

Tu vida se vuelve mucho más abundante cuando tus principios están en integridad y cuando tú estás en integridad con tus principios. Entonces sabrás que siempre estás operando y actuando desde un espacio ético que es digno de respeto, confianza y admiración. Tus principios nunca te defraudarán.

PRACTICA LA INTEGRIDAD

En el siguiente ejercicio te recomiendo que hagas una lista de tus diez principios y valores más importantes. Si tuvieras que elegir diez principios y valores que te definan, ¿cuáles serían? ¿Serían integridad, honor, honestidad o compasión?

Pueden ser cualquier cosa, no tienen que ser rasgos de personalidad o maneras de ser. Pueden ser espirituales o religiosos. No hay nada correcto o incorrecto, ni ninguna calificación, sólo un conocimiento de los principios que te definen.

Es importante que estés consciente de tus principios determinantes. A veces nos olvidamos de ellos y por esta razón considero invaluable ponerlos en papel. Escríbelos y diviértete, los puedes decorar, enmarcar, resaltar, embellecer y hacerlos llamativos o energéticos. Dales forma para que sean algo que te impulse.

Mis diez principios y valores más importantes son:

1. _____

2. _____

3. _____

4. _____

5. _____

6. _____

7. _____

8. _____

9. _____

10. _____

Para poder seguir adelante, debemos cerrar con nuestro pasado, lo que nos da energía, vitalidad y un espacio abierto para abundancia extraordinaria. En las líneas a continuación escribe cualquier asunto incompleto o áreas en las que estés fuera de integridad y las acciones que vas a tomar para superarlo.

DINERO:

En esta área, selecciona de las siguientes categorías y completa esta sección.

1. Nombre de la persona o compañías a las que les debo dinero:

    Ejemplo: Le debo a Wells Fargo Home Mortgage $2,500. Completaré el pago antes del día, mes, año. Ahora es tu turno:

    Le debo a (Nombre) _____ $_____.
    Completaré el pago antes del _____

    Le debo a (Nombre) _____ $_____.
    Completaré el pago antes del _____

    Le debo a (Nombre) _____ $_____.
    Completaré el pago antes del _____

    Le debo a (Nombre) _____ $_____.
    Completaré el pago antes del _____

    Le debo a (Nombre) _____ $_____.
    Completaré el pago antes del _____

2. Personas o compañías que me deben dinero.

    (Nombre) _____ me debe $_____.
    Se pagará antes del _____

    (Nombre) _____ me debe $_____.
    Se pagará antes del _____

(Nombre) _____ me debe
$_____.
Se pagará antes del _____

(Nombre) _____ me debe
$_____.
Se pagará antes del _____

(Nombre) _____ me debe
$_____.
Se pagará antes del _____

RELACIONES

En el área de relaciones, completa lo siguiente. Por ejemplo: Lo que no le he comunicado a *mi mamá* es "te quiero". Lo haré antes del 1 de marzo (fecha).

Lo que NO le he comunicado a _____ es
_____. Lo haré antes del _____
(fecha).

Lo que NO le he comunicado a _____ es
_____. Lo haré antes del _____
(fecha).

Lo que NO le he comunicado a _____ es
_____. Lo haré antes del _____
(fecha).

Lo que NO le he comunicado a _____ es
_____. Lo haré antes del _____
(fecha).

Elige un área de tu vida en la que te sientas incompleto o fuera de integridad y escribe lo que tiene que pasar y para cuándo:

Salud:
Qué _____ para cuándo _____

Relaciones:
Qué _____ para cuándo _____

Finanzas:
Qué _____ para cuándo _____

Carrera:
Qué _____ para cuándo _____

Educación:
Qué _____ para cuándo _____

Espiritualidad:
Qué _____ para cuándo _____

Proyectos:
Qué _____ para cuándo _____

TWITEA ESTO:
Cuando vivo desde mis valores y principios soy
imparable.
#TransformaTuVida @ChrisMotivador

Capítulo Cinco

PRINCIPIO 4:
VISUALIZACIÓN

"Lo que mantengas en mente de forma constante es exactamente lo que experimentarás en tu vida."

– Anthony Robbins

EL CUARTO PRINCIPIO de abundancia y prosperidad es la visualización. La realidad es que si tienes una meta o una visión, presionar demasiado para lograrla en realidad la alejará. Nunca he perseguido el dinero, viene a mí. No ando detrás del éxito, es el resultado de quién soy y lo que atraigo. Cuando lo "eres" y lo vives, lo atraerás.

Hasta ahora hemos visto algunas de las barreras que se interponen entre la abundancia y tú. Son tus conversaciones internas negativas las que causan la escasez, la cual proviene de tu sistema de creencias. Debes aprender a practicar la abundancia y a no prestar atención a esas voces no deseadas que te hablan al oído. Tus principios y valores nunca te defraudarán, pero puedes tener por seguro que esas creencias limitantes sí lo harán.

La visualización es formar una imagen mental clara del resultado completo que *sí* quieres, con la intención de que se manifestará en la realidad. Evoluciona a partir de la etapa creativa de elegir tus propias metas.

La visualización afina y aclara tus metas para darles una forma específica y les da energía. Será más efectiva si está profundamente arraigada en tu conciencia. Todo lo positivo que ha pasado en mi vida provino de una visión, lo puedes llamar una meta, un deseo o una fantasía. Independientemente de la terminología, la visualización es en realidad ver el resultado completo antes de que llegue. Es un poco como tener una bola de cristal sin el misterio o los poderes místicos que la rodean. Esto se debe a que estás en total control y ejerces poder exclusivo en tus visualizaciones. No necesitas más que una intención y una imaginación que te deje soñar en GRANDE.

Cuando visualizas es importante que seas específico y que puedas ajustar tus opciones a medida que avanzas hacia lo que quieres. Esto significa no ser un prisionero de tu visión, la cual nunca debe sentirse como una carga o una obligación. Quieres que tu visión sea una experiencia alegre, no el peso muerto de un mono sobre tu espalda.

Muchas personas se resisten a la visualización porque tienen miedo o sienten que es un desperdicio de su tiempo, o bien piensan que no son capaces de lograrlo. Una vez más las voces negativas en nuestra cabeza sabotean nuestras visiones y resultados. Sí visualizáramos nuestro futuro desde un espacio lleno de alegría, amor y posibilidades, el proceso de hacer nuestra visión realidad no sería limitante, sería más bien una experiencia liberadora y placentera. Comprométete a lo que visualizas, pero no impongas tantas rígidas especificaciones como para hacerlo algo estresante. Una estrategia de es ver la visión general, el resultado final, pero no los pequeños detalles y los mecanismos para lograrla ni tampoco preocuparse sobre cómo se verá todo al final. No tiene nada de malo recibir una sorpresa de vez en cuando o permitir que aparezca la magia de la vida, confía en el proceso. Cuando transformamos el miedo en fe, comenzamos a atraer lo que visualizamos. Antes de hacer una declaración o una meta, primero debes visualizarla. Por ejemplo, yo podría decir que quiero organizar una reunión familiar. En este caso, la verdadera meta no es una reunión, en realidad se trata de sentir la conexión y el amor que se da cuando mi familia se reúne.

Definir la visión es el primer paso. Podrías decir que quieres ganar $500,000, pero la cantidad no es tu verdadera meta; lo que resulta son la seguridad y la independencia financiera. Una persona que tiene como meta casarse no está buscando en realidad un documento legal llamado certificado de matrimonio, más bien busca compromiso, respecto y amor. Si tu objetivo es bajar de peso, ¿cuál es la verdadera meta? ¿Salud? ¿Nutrición? ¿Energía? ¿Amor propio? La verdadera meta debe ir primero, seguida por la de bajar 25 ó 40 libras. La meta es el resultado, la experiencia y la sensación. Entre más claro tengas la experiencia que quieres, mayores serán las probabilidades de que lo logres.

Nos damos por vencidos con nuestras metas porque no son suficiente para motivarnos para lograrlas. Les falta inspiración para hacer que nos comprometamos a ellas. Lo que sea que aún no hayas logrado, estoy aquí para decirte que no lo deseas suficientemente. Si así fuera, ya lo tendrías.

No voy a andar con rodeos. Si no has bajado de peso, encontrado el amor de tu vida, conseguido ese trabajo o descubierto tu olla de oro, no lo quieres con las suficientes ganas. ¿Cómo lo sé? Sólo tengo que ver tus resultados. Si sigues buscando lo que dices que quieres, te falta inspiración o compromiso para encontrarlo o hacerlo.

Si estás comprometido a lo extraordinario, tendrías que crear algo que te haga salir adelante. Los resultados físicos y materiales nunca te harán avanzar. Si quieres salir adelante debes poner tu visión en un contexto espiritual y emocional.

Cuando me comprometí a mi visión, reuní a mi familia y sentí el amor y la conexión que yo quería. Lo quería con tantas ganas que no aceptaba un no como respuesta ni las incontables excusas que me daban. Cuando me comprometí a mi visión de impactar la vida de otras personas, me convertí en entrenador, pero tenía que hacerlo de la forma correcta. La razón por la que aún no era entrenador es que no manifestaba las maneras de ser y actuar de un entrenador. Tenía que darle vida a los *resultados* que de verdad quería. En esos casos se trataba de los sentimientos que anhelaba y mi deseo de ayudar a los demás, y no de un evento familiar o un título. Al enfocarme en mi visión, pude hacer que mis visualizaciones se hicieran realidad. Una vez que tuve esa visión y me llené de inspiración, fui imparable, de la misma manera que puedes serlo tú.

Lo que es fantástico de la visualización es que te da algo hacia lo cual dirigirte. Entre más claramente visualices las cosas, más probabilidad tendrás de lograrlas. No es un paso optativo, algo que puedes esquivar o dejar para luego cuando tengas más tiempo o después de mil y una cosas que no funcionan. No hay ninguna posibilidad de abundancia a menos que crees una visión de la abundancia que quieres.

Muchos de nosotros seguimos cayendo en las mismas trampas y repitiendo los mismos fallos porque visualizamos todas las cosas que no queremos. Estamos visualizando cómo todo va a fracasar y que las cosas no saldrán como queremos. Nos permitimos visualizar que seguimos teniendo dificultades y que nos falta dinero. Nuestra visión es lo opuesto de los resultados que queremos crear, por lo que naturalmente las visiones que se convierten en nuestra realidad no son las que nos motivaron en primer lugar.

Yo siempre digo "Ten cuidado con lo que visualizas porque se puede volver realidad". Tienes que ser muy consciente de tu visualización. En la abundancia y prosperidad es cuestión de canalizar en la dirección correcta. Siempre asegúrate de que tu visualización incluya lo que sí quieres y no lo que no quieres.

Déjenme darles un ejemplo. Esta no sería una buena visualización: "mi visión es una vida sin escasez y sin dolor y sufrimiento", porque incluye escasez, dolor y sufrimiento, le darás vida a esas experiencias. Mejor intenta: "mi visión es una vida de abundancia, una vida de salud y alegría". ¿Ves la diferencia? Ahora estás plantando en el universo y en tu conciencia todas las cosas que quieres.

Una cosa es posición y otra la convicción. Cuando tienes verdadera convicción por algo, representas algo positivo, algo que quieres. Cuando tomas una posición, te estás posicionando en contra de algo, como si fuera un ataque. Cuando tú creas una visión, es importante que tu visión represente algo con convicción. Por ejemplo, Martin Luther King, Jr. propugnó igualdad para todos, Gandhi la paz mundial. Ambos visualizaron lo que querían, no lo que no querían. ¿Cuál es tu visión para la vida que quieres crear: para tu salud, tus finanzas, tu familia, tus hijos y tu negocio? Digamos que acabas de abrir un negocio. ¿Cuál es tu visión para este nuevo negocio? ¿Quieres crear una franquicia o un conglomerado internacional? De ser así, ¿cuándo? ¿Cómo te imaginas se verá ese negocio en la realidad? ¿Cómo operará? ¿Cuál será su misión? ¿Dónde estarán las oficinas centrales? Entre más clara sea la visión, mayores probabilidades tendrá de hacerse realidad.

La visión que tú creas es poderosísima. Cuando visualizas la cosa indicada, basada en emociones *positivas*, obtendrás el resultado deseado. Pero se hará realidad más pronto si mantienes esa visión en el centro de tu atención, donde puedas verla todos los días. Sigue los ejercicios a continuación y aprende a crear una visión que te traerá abundancia y prosperidad.

Cómo crear una visión:

Las visiones creadas en un estado de meditación son muy poderosas. Nos llevan del presente a un estado de conciencia donde podemos ver la meta cumplida y también podemos experimentarla plenamente con los sentimientos y emociones asociados. Aquí tenemos un ejemplo de cómo visualizar: Toma unos instantes y encuentra un lugar tranquilo. Asegúrate de no tener distracciones. Apaga tu teléfono. Puedes estar en una habitación tranquila o en la naturaleza, por ejemplo la playa, un bosque o incluso la ducha. Cierra los ojos, inhala profundo y exhala.

Relájate. Deja que tu mente vaya al futuro. Forma una imagen mental de lo que quieres, trata de que sea clara y agrega detalles. Date permiso de vivir en esa visión. Siéntela. Recíbela con los brazos abiertos. Experimenta la alegría, la satisfacción, el amor, la paz, la energía y la completa variedad de emociones que acompañan tu visión. Visualízate a ti mismo y el resultado que deseas. ¿Cuál es tu visión para tu salud, tanto mental como física? ¿Cuál es tu visión para tus relaciones? ¿Cuál es tu visión para tus negocios? ¿Cuál es tu visión para cualquier otra área importante para ti? Imagínate celebrando la realidad de esa visión de tu vida. ¿Cómo se siente? ¿Qué colores ves? ¿Cuáles son los sonidos?

Entre más repitas este proceso meditativo de visualización y entre más profundo lo arraigues en tu conciencia, más efectivo será. Este proceso pone a tu mente en marcha para que experimente mentalmente el logro de tu visión y además manifieste el proceso de experimentarlo físicamente ya que pone a funcionar tu mente con un apego emocional que creará resultados.

Una de las herramientas que uso para crear una visión es un mapa de sueños o tablero de visión *(vision board)*. Un tablero de visión es una herramienta poderosa. Es una manera de ver tu visualización como algo hecho. Básicamente estás creando una imagen frente a tus ojos

de algo real, de la vida que quieres. ¿Cómo lo haces?
Consigue cartón, cartulina o papel construcción y crea
un tablero personal. En ese tablero pondrás fotos,
dibujos, palabras y réplicas de las cosas que quieres.
Coloca una foto tuya en el centro del tablero de
visión. Luego pega fotos que representan las áreas de tu
vida como dinero, salud, relaciones, hogar y familia, o
carrera.

Hojea revistas. Si quieres un cuerpo musculoso, recorta
la foto de alguien que ya tiene el cuerpo que quieres
y colócalo en tu tablero para que te inspire, motive y te
recuerde de tu meta. Algunas personas ponen una foto
del cuerpo que quieren en la puerta del refrigerador para
tomar las decisiones correctas cuando abran la puerta. Si
te imaginas la hermosa casa de tus sueños y la ves en una
revista, córtala y pégala en el tablero. Si sueñas con una
hermosa mujer que baila salsa y encuentras una foto que
se parece a ella—una bella y apasionada Latina—¿qué estás
esperando? Coloca su foto en el tablero de visión donde
puedas verla todos los días, varias veces al día. La estarás
atrayendo a tu vida cada vez que la veas y la admires.

Si tu visión es expandir tu negocio a Latinoamérica,
coloca fotos de la región en el tablero. Si quieres mucho
dinero, agrega fotos de dinero o escríbete un cheque a ti
mismo. Aún mejor, ponle fecha para que tu visión tenga
una fecha que cumplir. Para darles un ejemplo, el actor y
comediante Jim Carrey hizo eso, escribió un cheque a su
nombre por 10 millones de dólares y anotó "Por servicios
de actuación". Posfechó el cheque 10 años en el futuro y
dijo que no iba a descansar hasta que lo consiguiera. Él
dice que guardó el cheque para mantenerse inspirado.

En ese entonces, no tenía dinero, estaba deprimido y manejaba un carro Toyota viejo y destartalado. Diviértete y disfruta el proceso. Asegúrate de que tu tablero de visión no esté demasiado atiborrado, si lo haces, tendrás u futuro atiborrado y no quieres crear ese resultado. Es un gran proceso que te ayuda a definir, crear y refinar con precisión lo que quieres en todas y cada una de las áreas de tu vida. Piensa que es como un collage de tu vida, de cómo quieres que sea. Ubica el tablero en un lugar donde lo puedas ver todos los días. El tablero de visión es una poderosa herramienta para atraer a tu vida todos tus sueños y metas. Para todos ustedes que aman la tecnología, DreamItAlive.com es un sitio que te ayuda a crear una versión digital.

Crear el tablero iniciará el proceso de crear resultados extraordinarios. Es importante que pases unos minutos en silencio mirando tu tablero de visión todos los días. Los mejores momentos son justo antes de irte a dormir y justo después de despertarte. Cada vez que lo contemples, intensificarás el proceso creativo.

Puedes acelerar el proceso al recordar una imagen del tablero de vez en cuando durante el transcurso del día. Los tableros de visión te permiten empezar a crear de forma consciente cómo quieres que sea tu mundo en lugar de permitir que respuestas condicionadas lo creen inconscientemente de otra manera. Por lo tanto, es una valiosa herramienta para disolver las barreras hacia una vida más abundante y satisfactoria. La visualización conlleva una filosofía. Nos volvemos más conscientes de nuestra visión entre más la reforzamos. En el proceso, de hecho la atraemos a nuestra vida. Si siempre has querido un brillante Porsche rojo y lo visualizas, al tener esa visión en mente todos los días, muy posiblemente encontrarás que ves brillantes autos Porsche de color rojo donde quiera que vayas. Esta "coincidencia", también conocida como el Fenómeno Baader-Meinhof, es la intensificación de la conciencia y la atracción a algo que visualizas y que estás comprometido a crear en tu vida.

Imagínate que estás en una concesionaria de automóviles y tus ojos admiran un Lamborghini, el auto de tus sueños. Lo ves con anhelo deseando algún día tener uno. Pero luego te vas a casa y no te acuerdas mucho de eso después de un par de días, si no lo ves, no te acuerdas, ¿verdad? Bien, ¿qué pasaría si vieras ese Lamborghini todos los días? Probablemente lo querrías más que nunca. Lo ves con tanta admiración que te babeas, puedes sentirlo, palpar el cuero de los asientos y aspirar el olor de auto nuevo cuando respiras. Ahora estás dispuesto a hacer lo que sea para convertirte en el dueño de un flamante Lamborghini y no puedes sacártelo de la mente. Ese es el poder de la visualización; hace que tu mente y deseos se mantengan enfocados en tu visión para que te comprometas a impulsarla en el futuro.

El valor de la visualización

La visualización es además un principio muy importante porque nos permite crear con nuestras mentes y de forma concreta. Crear una visión es una manera poderosa y eficaz de crear conciencia sobre nuestras declaraciones y metas, de vivirlas y conectar emocionalmente con ellas y luego atraerlas a nuestra abundante y próspera vida.

PRACTICA LA VISUALIZACIÓN:

1) Ahora que ya sabes cómo hacerlo, toma 15 minutos al día para visualizar tu visión. Otra recomendación es usar música para visualizar el futuro que ya es tuyo. Te sugiero la canción *Shepherd Moon* de Enya o cualquier otra música instrumental que prefieras.

2) Además de crear tu tablero de visión personal, puedes crear versiones adicionales para áreas específicas en las que quieras concentrarte. Por ejemplo, como familia pueden crear un tablero de visión familiar, o tú y tu pareja pueden crear uno para la relación y mucho más. Lo importante es divertirse con el proceso y ser creativos. Te sorprenderán los maravillosos resultados que vas a generar. Siempre recuerda que si tienes el poder de visualizarlo, tienes el poder de manifestarlo.

TWITEA ESTO:

Si tienes el poder de visualizarlo, tienes el poder de manifestarlo. #TransformaTuVida

Entre más claramente visualizas algo, mayores serán las probabilidades de que ocurra. #TransformaTuVida

Capítulo Seis

PRINCIPIO 5: AFIRMACIÓN

"La repetición de las afirmaciones es lo que nos conduce a la creencia. Y una vez la creencia se convierte en convicción profunda, las cosas comienzan a suceder."
— Claude M. Bristol

HASTA AHORA hemos avanzado increíblemente en nuestra misión de abundancia y prosperidad. El siguiente principio de abundancia y prosperidad es la afirmación. Cuando tenemos clara nuestra visión, la manifestamos en papel o en un tablero de visión y la reforzamos en nuestra mente, el siguiente paso es reafirmarla. Una afirmación es declarar algo como ya hecho, como si fuera real, antes de serlo. Es establecer una conciencia mental de lo que queremos al expresarlo con palabras en forma positiva, de nuevo, como si ya fuera realidad. Básicamente, estás viviendo el futuro en el presente.

Las afirmaciones son palabras plantadas en nuestra mente y nuestros corazones que crecerán a medida que la vida sigue su curso a nuestro alrededor. Esas palabras no son una reacción a lo que es. Son ideadas con el fin de crear y manifestar lo que queremos para nuestro futuro en el presente. Viaja un poco en el tiempo y mira a través del lente hacia el futuro. ¿Qué serás dentro de diez años? ¿Quién serás? ¿Con quién estarás? ¿Donde estarás? ¿Qué estarás haciendo? ¿Cuál será tu edad? ¿Qué estarás sintiendo?

Cuando escribas tu afirmación, incluye el ambiente, la experiencia o los sentimientos. Siempre escríbelo en tiempo presente, no futuro, o se quedará en el futuro. ¿Cómo es el entorno? ¿Cuál es la experiencia? Entonces, ¿cuál es el resultado específico medible?

Por ejemplo, si tu meta para el futuro es estar en una relación, tu afirmación sería: "En este momento estoy experimentando plena satisfacción y alegría con el amor de mi vida". ¿Viste lo que hice? Escribí la experiencia y la emoción primero, luego el resultado... como si ya hubiera ocurrido.

Eso es una afirmación. Es declarar por escrito el futuro que quiero vivir con las experiencias y sentimientos asociados, y reitero, como si el futuro fuera hoy.

El lenguaje nos ancla en la realidad. Siempre estamos haciendo afirmaciones. Por ejemplo, cuando decimos "este tráfico me está matando", estamos afirmando que el tráfico, en efecto, nos está matando. En cuanto lo afirmamos estamos garantizando que el tráfico no nos hará sentir bien. Ciertamente no vamos a disfrutar la siguiente hora de nuestro viaje porque ya afirmamos que el resultado que viviremos será de terror.

Hacemos una afirmación cada vez que hablamos. Si afirmas que hoy será un día estresante o que ya estás estresado ¿qué crees?... ya lo debes haber adivinado... ¡ya estás estresado! Recibiste al estrés con los brazos abiertos. No puedes escaparte porque es el resultado y experiencia que ya has asociado a tu día o evento.

Sin nosotros saberlo, todas nuestras creencias limitantes son afirmaciones negativas. Decir cosas como "no soy suficientemente bueno", "no soy suficientemente inteligente", "no soy lo suficientemente bonita", "no tengo suficiente talento", etc. son todas afirmaciones negativas que afectan lo que pensamos, hablamos, sentimos y creamos. Nuestras vidas se transformarán al cambiar las afirmaciones negativas y crear afirmaciones positivas. Recuerda, si crees en algo, lo verás.

Intenta este ejercicio: escribe una afirmación negativa para cada una de las diez áreas. Por ejemplo, soy feo. No soy inteligente, etc.:

1) Yo soy _____
2) No soy _____
3) Soy demasiado _____
4) Mi cuerpo es _____
5) Los hombres son _____
6) Las mujeres son _____
7) El amor es _____
8) Las relaciones son _____
9) Mi edad quiere decir _____
10) El ejercicio es _____

Ahora regresa y tacha las afirmaciones negativas y cámbialas por afirmaciones positivas. Para darte una idea, "soy fea" se convierte en "soy hermosa"; "no soy inteligente" se convierte en "soy brillante", etc.

En este principio te explico cómo usar las afirmaciones para crear palabras poderosas que abren posibilidades, en lugar de afirmaciones que refuerzan cosas que son lo opuesto de lo que queremos. Al crear una afirmación, hazla real. Conecta con ella. *Siéntela*. "Hoy me estoy relajando y disfrutando del hermoso paisaje fuera de mi mansión frente al mar en la costa de la isla de Santa Lucía". Eso funcionará. ¿Sabes por qué? Aún si dudas por dentro de tu capacidad de comprarte esa casa de tus sueños, ciertamente podrás creer lo relajante y hermoso que se va a sentir estar allí. Ahora que tienes una conexión emocional—y cuándo eso ocurre—será suficiente para crear el cambio mental que te inspirará a quererlo con todas las ganas para hacer que suceda. En otras palabras, busca primero la abundancia, no la prosperidad o sus productos. En este ejemplo, la abundancia es el *sentimiento*, la mansión es el producto o resultado.

Las afirmaciones se pueden hacer verbalmente o por escrito. Las afirmaciones por escrito son poderosas porque sacan la meta de tu cabeza y cobran vida y permanencia. Cuando tienes la afirmación por escrito, se vuelve real y no la puedes retractar. Hay una bonificación adicional, escribir una afirmación te ayuda a visualizar la meta, así que sirve un doble propósito.

Ejemplos de afirmaciones:

"Soy un conferencista eficaz y apasionado" es una afirmación positiva. Las afirmaciones siempre deben ser positivas. Pero digamos que no te sientes eficaz ni apasionado, ¿qué pasa entonces? ¿Puedes pretender hasta que lo logres? No, pero la afirmación hará el trabajo de cambiar tu mente y creencias internas, además de darte la confianza y la pasión para convertirte en el conferencista que quieres ser. Una mayor consciencia de esto te empodera más.

Digamos que eres terrible manejando tu dinero. Puedes crear una afirmación que diga algo como esto: "Me resulta fácil manejar mi dinero". Mientras más lo afirmas, tu subconsciente se esforzará más para hacerlo realidad. Con las afirmaciones declaras las cosas que quieres hacer eficazmente, aún si te resulta difícil en este momento.

Es como hacer una promesa contigo mismo. Recuerda que lo que piensas y hablas crea tu realidad, así que estás creando criptonita para la negatividad y la estás sustituyendo con una muralla impenetrable de positivismo.

Las afirmaciones no son simplemente declaraciones descuidadas como "yo soy esto o lo otro" y listo. No son eficaces sin las palabras que les dan vida y sentimientos. Digamos que te cuesta ser responsable porque rompes tu palabra todo el tiempo. Tal vez seas una víctima, se te hace difícil mostrar tu amor o ser poderoso, de ser así usarías palabras como "responsable, poderoso, amoroso" para crear afirmaciones que respondan a lo que necesitas. Agrégale sentimiento, diciendo cómo el ser responsable, poderoso y amoroso te hace sentir en este momento. El sentimiento siempre te conectará con la afirmación.

Las afirmaciones no se reservan únicamente para cosas y objetos que acumulamos en nuestra vida. Las afirmaciones pueden tratarse de cualquier cosa, sobre todo cosas intangibles como soltar, abrirse, autoexpresión, autoestima, felicidad, integridad, riqueza, dinero éxito, relaciones y amor.

Aquí tienen ejemplos de afirmaciones que me encantan:

Está bien soltar mi pasado. Ya está cerrado y soy libre de él.

Soy dinámicamente autoexpresivo.

Me doy permiso para divertirme y disfrutar, y ya lo hago.

Cumplo mis acuerdos fácil y alegremente.

Grandes sumas de dinero, enormes sorpresas financieras y cuantiosos y adecuados regalos vienen a mí y me llenan de satisfacción de modos armoniosos para mi uso personal. Acepto esto plenamente.

¡Tengo ingresos económicos infalibles que fluyen cada vez más libremente, AHORA MISMO!

Siempre consigo los resultados más satisfactorios.

Amo, admiro y respeto a la gente y ellos me aman, admiran y respetan a mí.

Me acuerdo de todo lo necesario.

Cómo crear afirmaciones:

Hay todo tipo de afirmaciones que puedes crear para ti mismo. Hay afirmaciones para la autoestima y ser un conferencista. Hay afirmaciones sobre la administración del dinero y las relaciones, otras tratan de la salud y la condición física. Las afirmaciones espirituales son increíbles. Independientemente de las afirmaciones que elijas, debes saber que representan una actitud positiva y cuando tú afirmas, estás convirtiendo esa actitud positiva en algo que puedes crear para ti mismo.

Yo les recomiendo a las personas que creen sus propias afirmaciones de acuerdo a sus metas y situaciones personales. Básicamente, le estás hablando a las cosas que quieres crear. No quieres formularlo a modo de reacción a lo que está ocurriendo ahora. Para darte una ilustración, digamos que tienes un terrible dolor de espalda y es algo que llevas sufriendo desde hace tiempo. No vas a decir "ya no me duele la espalda" porque refuerza el dolor de espalda. Una mejor forma de decirlo es "Estoy disfrutando una experiencia libre de dolor con mi espalda" o "Mi espalda es sana y fuerte". "Puedo mover mi espalda con libertad y facilidad". Ahora estás hablando de la experiencia que quieres, no de la que no quieres.

Las afirmaciones incluyen palabras positivas, no negativas, como "yo soy, puedo, y lo haré". Deben proclamar palabras positivas en el estado presente.

Piensa en las áreas en las que necesitas trabajar y mejorar. Lo más seguro es que ya sabes cuáles son. ¿Qué áreas te están costando trabajo? Quizás te resulte difícil ser expresivo. Quizás te resulte difícil prestar atención a los detalles. Quizás te resulte difícil confiar en los demás. Quizás te resulte difícil concentrarte porque sufres de trastorno de déficit de atención permanente.

Ahora toma todas esas dificultades y crea una afirmación que las elimine. Déjalas en el pasado y afirma una vida sin ellas y cómo te hace sentir. ¿Se siente bien verdad?

Es muy fácil escribir tus propias afirmaciones. Asegúrate de que estén en tiempo presente y no pasado o futuro. Sé positivo y usa tu fuerza creativa para el resultado positivo. Otro consejo es mantener la actitud de que estás creando algo nuevo, no viejo. Evita caer en la mentalidad de "tengo que tenerlo" y concentráte en la sensación de ya tenerlo.

El valor de las afirmaciones:

Cuando creas afirmaciones positivas, lo que te está costando trabajo se vuelve una especie de mapa del tesoro y un recordatorio de lo que quieres. Estas afirmaciones positivas te apoyan e inspiran. Ahora son más que anhelos, son promesas a ti mismo que estás emocionalmente obligado a cumplir. Las afirmaciones desempeñan una función importante para mantener tu mente enfocada en el futuro que quieres crear, no el presente ni el pasado que quieres cambiar.

Es tu futuro. Afírmalo.

AFIRMACIONES

PRACTICA TUS AFIRMACIONES:

TWITEA ESTO:

Transforma afirmaciones negativas en afirmaciones positivas y descubre cómo se expande tu vida.
#TransformaTuVida @ChrisMotivador

Ejemplos de afirmaciones:

Sobre la felicidad:

¡Merezco ser feliz y lo soy!
La felicidad es una elección que yo hago de momento a momento.
Mi vida es una aventura feliz y llena de gozo.
Soy feliz.

Sobre la autoestima:

Soy un ser poderoso, amoroso e imparable, y me amo.
Yo soy fuerte, valiente y hermosa.
Me reconozco y aprecio a mí mismo todos los días.
Me perdono a mí misma.

Sobre el amor:

Amo libre e incondicionalmente.
Estoy rodeado de amor.
Transformo el miedo en amor.

Sobre el éxito:

Todo el universo está detrás de mí apoyando todas mis visiones.

Manifiesto mis visiones fácilmente en la realidad.

Ya se ha manifestado mi tablero de visión.

Merezco y disfruto mi éxito.

Sobre la integridad:

Doy mi palabra y la cumplo fácilmente.

Vivo de acuerdo a mis valores y principios.

Comunico mis sentimientos libremente y sin esfuerzo.

Completo todo lo que inicio.

Escribe tus propias afirmaciones. Elige áreas de tu vida que estás comprometido a transformar y escribe afirmaciones para cada una. Recuerda sólo incluir lo que quieres, con palabras positivas, en el presente y de forma breve.

Luego agrega tus TRES afirmaciones MÁS IMPORTANTES a tu tablero personal de visión.

Capítulo Siete

PRINCIPIO 6:
DECLARACIÓN

"Una declaración es el principio de volver un sueño realidad."
— Chris Lee

CUANDO TENGO conciencia de abundancia, estoy tan lleno de abundancia que doy y doy! He superado mi pasado y opero desde la integridad. Visualizo mi futuro y he creado mi tablero de visión. Además estoy armado de mis afirmaciones, que son mensajes positivos que me escribí a mí mismo. El siguiente paso para crear esta cosa maravillosa y fantástica llamada abundancia y prosperidad es establecer lo que se llama declaración.

Una declaración es afirmar que tienes lo necesario para manifestar tu meta. Una declaración es hacer una elección. Una declaración es enfocarte en lo que de verdad quieres desde el fondo de tu corazón, no lo que otros quieren para ti, sino lo que TÚ realmente quieres. Una declaración es transformar tu visión que ya visualizaste en una intención láser. Una declaración es vital porque te da un vehículo para manifestar todas tus visiones. Una declaración también es confianza, confianza en que el proceso funciona, que todo pasa por una razón y que el universo tiene los recursos para que logres lo que quieres, cuando quieras y con quien quieras. Fijarse metas, tanto a corto como a largo plazo, es una manifestación de una declaración.

Las declaraciones se hacen con una sensación de entrega. Debes establecer claramente que el universo es capaz de ayudarte. No obligues al universo a darte lo que quieres, mas bien actúa con la intención de que cumplirá tu objetivo.

Mis creencias limitantes odian las declaraciones, pero el líder en mí sabe—y confía—que la vida está llena de declaraciones. No hay límites. Opero de un espacio de "tengo el poder de crear lo que quiero, cuando quiera, donde quiera y con quien quiera. Puedo tenerlo todo". Luego estoy listo para hacer una declaración.

Para que sea efectiva, una declaración tiene que cumplir con requisitos específicos. Es una meta que debe hacerse en un período de tiempo que pueda medirse, confiando al mismo tiempo en que los recursos ya están disponibles para que ocurra. Decir que algún día serás rico o delgado no es lo mismo que decir que para el primero de enero del próximo año habrás ahorrado $5,000 o bajado 20 libras.

Una declaración viene acompañada de un plan de acción. Estás haciendo una afirmación al mundo, incluso si no tienes idea de cómo va a resultar todo. A mi parecer, esta falta de evidencia nos saca de la zona cómoda, lo que es algo bueno. De hecho, ¡es espectacular! Es como vivir al límite, lo cual es estimulante y una vida que vale la pena vivirse. Confía en el proceso.

Si algo no está saliendo como tú quieres, declara lo que estás comprometido a crear. ¿Quieres una mejor relación o mejor salud? Deja que una declaración te lleve a eso. Si tu vida se está volviendo aburrida o rutinaria, presta atención, no estás declarando lo suficientemente en grande. ¡Sal de tu zona cómoda! La vida comienza fuera de tu zona cómoda. Atrévete y te sorprenderán los resultados.

Cuando haces una declaración, es muy importante que no estés reaccionando a lo que esté pasando que quieras cambiar. Las declaraciones se parecen a las afirmaciones, estás declarando algo al futuro. La diferencia es considerable. Una afirmación es dar por cierto algo. Una declaración es una meta que se puede medir y tiene una fecha límite firme.

Las metas cobran vida y se tornan en un divertido juego. Es un mapa de ruta singular que tú generas con todas las paradas, paisajes y atracciones a lo largo del camino. Una meta concreta te llevará de un punto a otro, sin desvíos ni escalas innecesarios.

Fijarse una meta es confiar que voy a hacer mi máximo esfuerzo por lograrla pero que no es algo que necesita consumirme. De nuevo, yo confío en el proceso; yo no ando del mismo. A veces las personas se ven tan consumidas por sus metas que en efecto las alejan. Si quiero tener una relación y voy a una cita con esa necesidad, ¿qué va a pasar? Muy probablemente la otra persona va a rechazar mis sentimientos pensando que no quieren estar con alguien tan desesperado por cariño.

¿Qué pasa con un trabajo? Tal vez eres un actor que va a una audición para un casting, y en tu mente estás diciendo: Tengo que conseguir este rol. *Tengo que sobresalir en esta audición y conseguir el papel.* Estás sudando profusamente y te sientes nervioso, se te quiebra la voz y no te puedes comunicar claramente.

¿Qué es lo más probable que ocurra? El director de casting te va a rechazar. "¿Sabes una cosa? No eres el candidato para nosotros". Declarar nunca es una súplica desesperada de no puedo vivir sin esto y tiene que absolutamente ocurrir. Se trata de crear y declarar desde un espacio alegre y abundante, y confiar que el universo manifestará los resultados que quieres.

Tampoco quiere decir que hay que ser apático o resignado y tomar la actitud de que lo que sea que pase es lo que tiene que pasar. ¡No! ¡Haz tú que suceda, ve por ello! Pero no estés apegado a eso y confía en el proceso. Recuerda, el universo tiene los recursos necesarios para hacer que se den las cosas. Confía, te sorprenderás.

Cómo declarar metas:

"Declaro que X ocurrirá para la fecha Y."

Una declaración es específica y medible. Incluso si las metas son expansivas y generales, puedes hacerlas específicas y desglosarlas en secciones más pequeñas y detalladas. Declara lo que vas a lograr en la vida y para cuándo; puede ser sobre salud, familia, finanzas, amor, relaciones o tu carrera.

Cuando declaras metas, sugiero que las escribas, es muy importante. Al igual que con las afirmaciones, recomiendo que comiences con el futuro desde el presente. Imagina que ya estás 10 años en el futuro. Ahora pregúntate: "En 10 años, ¿cuantos años tendré? ¿Cuáles son las 10 metas que ya querré haber logrado para ese entonces?"

Recomiendo que todas las personas pongan eso en papel. "Hoy es [la fecha futura]. Tengo [edad] y estas son las metas más importantes que he logrado". Reitero que debes escribirlas como si ya hubieran pasado. Luego pasa de 10 años a 5, después a un año, un mes y una semana. De esta manera te das cuenta la próxima semana de lo que estás creando los próximos diez años y estás progresando.

No importa lo que pase, esos diez años llegarán y de hecho antes de lo que piensas. Cuando lleguen, mirarás al pasado y pensarás que el tiempo literalmente voló. ¿Y no es el tiempo en realidad una ilusión? Es importante estar en la conciencia del futuro desde ya. Después de todo, nuestra realidad presente será simplemente un recuerdo en diez años.

Me acuerdo cuando el año 2000 se veía tan lejos, y cuando al fin llegamos, todos pensamos "¡Wow, llegó tan rápido!" Es increíble. El tiempo vuela y la vida vuela con él. Sin darnos cuenta, ya estamos viendo lo que sigue a medida que pasan los años.

Al usar declaraciones tomas responsabilidad de los resultados futuros de tu vida. O sea que no estás sólo dando vueltas y dejando tu vida a la suerte. Estás creando metas y declarándolas desde ese punto en el futuro. Luego todo lo que haces hoy está en marcha hacia ello con la plena e inquebrantable confianza de que el universo te respalda.

Un increíble ejemplo de alguien que escribió una declaración y se benefició de su poder es el actor Jim Carrey, quien se escribió un cheque para él mismo por diez millones de dólares. Esa es una meta ambiciosa. El año era 1985. En ese entonces alquilaba un apartamento y apenas podía pagar las cuentas. Arruinado y deprimido se fue en su destartalado Toyota a Hollywood Hills y declaró que no iba a darse por vencido. No tenía fama ni fortuna, como tampoco verdaderas posibilidades para adquirir una, pero se hizo el cheque de diez millones de dólares para él mismo y dijo, "no voy a desistir hasta que pueda cobrar este cheque". Visualizó su futuro, lo afirmó y lo declaró. Le dio fecha al cheque 10 años en el futuro. Luego lo guardó en su billetera. Ese cheque y esa declaración manifestaron diez millones de dólares. De hecho, manifestaron más de diez millones, prueba de que no tiene nada de malo declarar en GRANDE.

No hay nada malo con vivir en el presente, pero al tener un plan de diez años y metas para los próximos diez años, el presente se vuelve más placentero porque lo que haces ahora está creando el futuro. Con demasiada frecuencia no nos damos cuenta de que nuestras acciones de hoy van a crear el mañana. Jim Carrey sí lo sabía, como también sabía que su declaración en sí no era suficiente, que tenía que hacer algo para que sucediera. Ese algo era la actuación. En la línea de memo o notas del cheque hizo referencia a eso cuando escribió "Por servicios de actuación".

Vivo en el momento, pero también tengo mi plan de acción muy claro porque es necesario ser eficaz. Si quiero abundancia y prosperidad, esas son las herramientas que las traerán a mí. Walt Disney lo expresó mejor: "Si puedes soñarlo, puedes hacerlo". Sin embargo, si no se declara con intención, no va a pasar. Debes estar comprometido a ello y tener la certeza de saber que absolutamente sucederá.

El valor de las declaraciones:

Las declaraciones llevan las afirmaciones un paso más allá. Toman la declaración de algo que ocurrirá en el futuro y lo asocian con metas declarando que se dará, incluso si no hay evidencia que lo respalde Las declaraciones se crean y manifiestan con la confianza, confianza en el universo, confianza de que tienes todos los recursos que puedas necesitar para hacer realidad tu declaración. Con intenciones positivas, el valor agregado que recibirás de declarar tus metas es la manifestación de tus deseos, aún si son sueños de diez millones de dólares.

PRACTICA HACER DECLARACIONES AL FIJAR METAS

Asegúrate que tus metas estén de acuerdo con tu visión. Debes ser específico y darles una fecha límite. Escribe por qué la meta es importante para ti. En el espacio a continuación, tómate el tiempo de escribir las cinco metas más importantes que quieres lograr en el período de tiempo establecido. Escríbelas como si ya las hubieras logrado. Por ejemplo, "ahora vivo en mi casa frente a la playa con mi esposa (o esposo) y mis (número) hijos. Me siento amado, pleno y bendecido. Mi vida está llena de alegría".

Mis metas para los próximos diez años son:

1. _____

2. _____

3. _____

4. _____

5. _____

Mis metas para los próximos cinco años son:

1. _____

2. _____

3. _____

4. _____

5. _____

Mis metas para el próximo año son:

1. _____

2. _____

3. _____

4. _____

5. _____

Mis metas para el próximo mes son:

1. _____

2. _____

3. _____

4. _____

5. _____

TWITEA ESTO:

El universo conspira cuando declaro lo que quiero.

#TransformaTuVida @ChrisMotivador

Capítulo Ocho

PRINCIPIO 7:
PERSISTENCIA

"En la confrontación entre el arroyo y la roca, el arroyo siempre gana. No por la fuerza sino por la perseverancia."
— H. Jackson Brown

EL SÉPTIMO PRINCIPIO de abundancia y prosperidad es la persistencia. Te preguntarás ¿qué es la persistencia? Ser persistente quiere decir no darte por vencido. La persistencia es la continuación de elegir tu meta. Elegir la meta una y otra vez me permite ser persistente. Desafortunadamente, a menudo ignoramos este principio.

Para darles un ejemplo, hace tiempo pesaba 20 libras más que ahora. Con mis 1.88 metros de estatura y complexión me veía bien, pero era consciente de que había aumentado unas cuantas libras y empezaba a estar sobrepeso. Así que me fijé una meta y visualicé pesar una cantidad determinada. Pero a lo largo del camino tenía que seguir eligiendo mi meta, lo que requirió persistencia. Tenía que elegir esa meta aunque no tenía ganas de hacer ejercicio. Tenía que elegir esa meta aunque tenía que sacrificar la hamburguesa doble con queso y papas fritas y comerme una ensalada. Tenía que elegir esa meta cada vez que sentía tentación o me sentía desalentado con lo que veía en la báscula.

La persistencia es ser imparable declarando que tu meta y tus intenciones no son negociables, aún cuando te encuentres con obstáculos, retos u otras tentaciones que te quieran llevar en una dirección diferente. La persistencia te ayudará a superar barreras que no te permiten lograr tu meta. Si tu meta es ser saludable y estar en buena condición física, pero te sientes demasiado adolorido y cansado para ir al gimnasio, la persistencia es el principio que te hará superar posibles dificultades.

Persistir es cuando yo me repetía a mí mismo "esta es mi meta". A veces pensamos que sólo se trata de elegir la meta una vez, pero por eso con frecuencia no creamos la realidad que queremos. Si no lo queremos con las suficientes ganas, no somos persistentes. Bajar de peso no es una meta que consiste en simplemente lanzar una idea o deseo al universo y listo, se da y las libras desaparecen. Requiere persistencia. El matrimonio requiere persistencia. Haces una declaración el día de tu boda y eliges esta vida que quieres llevar, pero si no la eliges mañana, el próximo año o en diez años, el matrimonio que querías crear podría no hacerse realidad.

Haz lo que sea necesario no sólo hoy, sino también mañana, la próxima semana y el próximo año. No importa cómo te sientas. No importa si estás de humor. No importa si te gusta o no te gusta lo que estás haciendo. No importa si cada músculo tu cuerpo se siente como si le hubiera pasado un camión encima. No te des por vencido. Deja de dar excusas. Aguanta el dolor. Lo importante es que no debes perder de vista tu visión y seguir comprometido con ella, más allá de cómo te sientas. Como dije antes, debes querer lograrlo *con suficientes* deseos.

La mayoría de nosotros descartamos nuestras metas porque ya no tenemos ganas de hacerlas. A todas esas personas que están sobrepeso, odio decirlo, ustedes están sobrepeso porque no quieren bajar esas libras. A los que están acabados y no tienen dinero ni abundancia les voy a decir la verdad sin rodeos: la razón por la que no tienen dinero no es la economía, mala suerte ni falta de oportunidades, es porque no han sido persistentes. No lo quieren con las suficientes ganas.

Mi argumento es que todo ser humano tiene el poder de crear la vida que quiere. Si no la está creando, hay algo que no está funcionando. No tienen suficiente compromiso. No son persistentes y no están dispuestos a hacer lo que sea para que suceda. Inventan excusas, no maneras de progresar.

Cuando me comprometo a mi visión de forma persistente, las circunstancias que amenazan con impedir mi avance desaparecen. Las conversaciones y excusas se van. Hace más de dos décadas decidí que ya no iba a ser manipulado por mi cuerpo o mi cerebro, ni por el tiempo, dinero, miedo ni otras circunstancias. Hoy ya no consulto cómo me siento antes de hacer algo. Ya no consulto con mi chequera ni mi calendario antes de comprometerme a algo. No consulto mis estados de ánimo ni mis opiniones. Lo que sí consulto es mi visión. Si algo se alinea con mi visión, soy un maniático con una misión. Lo que se cruce en mi camino, ¡que venga! Estoy listo para superarlo.

Es posible alcanzar toda meta que puedas tener...
Si eres persistente. La diferencia entre un líder y un
aspirante no es su visión, sino más bien que el líder es
persistente y el aspirante sólo tiene excusas.

Despídete de las excusas y da la bienvenida a los
resultados. Mi vida se llena de resultados en el momento
que abandono mis historias. Abandona tus historias.
Abandona tus excusas. Pon en marcha una misión y no
dejes que nada se interponga en tu camino.

Cómo implementar la persistencia:

Jim Carrey no se escribió ese cheque y luego olvidó. Él no
fue simplemente por la vida día tras día sin hacer nada
para ganar el dinero que intentaba manifestar. Trabajó
para lograrlo. Recordaba su meta a todos los días.
Llevaba su cheque en la billetera, la que él admitía no
tenía mucho, así que miraba el cheque con frecuencia.
Él elegía la meta cada vez que miraba el cheque e hizo
todo lo posible para ganarse parte de esos diez millones
de dólares cada oportunidad que tenía.

¿Cómo puedes implementar la persistencia? Vuelve a
revisar tu visión, afirmación y declaración regularmente.
Ya sea a primera hora en la mañana o la última cosa que
hagas antes de que tu cabeza toque la almohada por la
noche, repasa tu intención y refuérzala en tu conciencia.

Revisa las metas que has alcanzado en el pasado.
¿Cuántas has logrado? ¿Cuántas se han quedado por
el camino? ¿Con cuántas te diste por vencido porque
necesitaban mucho tiempo, trabajo, esfuerzo o dolor?
Aprende de tu pasado. Deja de dar excusas. Calla esas

conversaciones en tu mente que te dicen que está bien esperar un día más. Suprime esa voz que dice "Hoy no. No quiero. No puedo. Tengo algo mejor que hacer". Diles que se callen y que se vayan. Esa voz es tu enemigo. Está tratando de sabotear la manifestación de tus metas. Estoy aquí para decirte que esa voz es más persistente que tú en este momento. Esa voz no se irá hasta que tú no la hagas desaparecer. ¿Cómo? Ignórala. Refuerza tu deseo y tu meta. Sé persistente, no le hagas caso y sigue adelante. Toma una acción hacia tu meta que desafiará la voz que está tratando de mantenerte en tu zona cómoda. Tú eres más grande que tus dudas, miedos, dolores y excusas. Ya sabes de lo que son capaces, te lo han demostrado en múltiples ocasiones. Es hora de que aprendas de lo que eres capaz cuando quieres algo lo suficiente que te comprometes a ello, no sólo cuando lo afirmas y declaras, pero todos los días. Este tipo de persistencia que dice "quítate de mi camino" es la que crea resultados, no las excusas.

El valor de la persistencia:

Es posible que hoy no tengas la realidad que quieres. Probablemente no la tendrás mañana. Pero una cosa es segura, nunca la tendrás si no eres claro y persistente con tus intenciones. Darle vueltas a cosas en la cabeza es como los frenos, no avanzas. Deja de seguir dando vueltas y cavando un hoyo que es cada vez más profundo. Tienes que empezar en algún punto, así que toma acción. Cada día que pasa se vuelve más fácil tomar impulso y dar un gran paso adelante hacia la manifestación de tu meta.

Sólo puedes progresar si eres dedicado y comprometido. Sé persistente. Como un vendedor que no acepta un no como respuesta, no te des un respiro hasta que hayas acabado con todas las excusas y la única respuesta que quede es sí. Sí, hoy voy a hacer A, B y C. Con persistencia llegarás allí y descubrirás que llegar a X, Y, y Z no es tan difícil como parece.

Cuando te das por vencido, tú eres quien se interpone en tu propio camino. Te topas con una barrera, un callejón sin salida. Cuando te pones en marcha encuentras la manera. Pasas por encima de las excusas, la procrastinación, el dolor, las dudas y la incertidumbre. Este es el valor de la persistencia en el camino a la abundancia y la prosperidad.

PRACTICA LA PERSISTENCIA

La persistencia es no darte por vencido pase lo que pase. La mayoría de la gente se echa para atrás cuando hay un contratiempo porque ya no tienen ganas de seguir con sus metas. A fin de lograr tus metas, debes dejar atrás tus sentimientos y excusas, que sea tu visión la que te guíe, no tus circunstancias. Convierte todos los fracasos en logros en tu camino hacia tus metas.

Seis pasos para convertir los fallos en logros

Para darles algunos ejemplos, aquí tienen algunas metas que se volvieron fallos:

- Declaré que iba a bajar diez libras y más bien subí quince.
- Declaré que iba a vender $10,000 en servicios de mi negocio y sólo vendí $3,000.
- Declaré que iba a pasar más tiempo con mi familia y no lo hice.
- Declaré que iba a tener equilibrio en mi vida y más bien generé caos.

Cuando la mayoría de las personas tienen fallos como esos lo que suelen hacer es A) Cubrirlos y hacer como que no pasó nada, B) Se castigan ellos mismos al sentirse mal y culpables o culpan a alguien más, o C) Se inventan grandes excusas para no completar la declaración. El problema con esta estrategia es que garantiza el fracaso y un estado de locura, que de acuerdo a Einstein es hacer la misma cosa una y otra vez esperando un resultado diferente. Esto es lo que pasa con las resoluciones de año nuevo; las hacemos y en cuestión de semanas ya no las cumplimos. Luego al siguiente año tomamos las mismas resoluciones de nuevo. He creado los siguientes seis pasos para transformar esto.

1) Reconoce el fallo de forma positiva y añade la palabra "¡SÍ!" (¿por qué positiva? Porque de todos modos tenemos que resolver el fallo y es una bendición disfrazada si aprendemos de él). Ejemplo: Prometí que iba a bajar diez libras y más bien subí quince. ¡SÍ!

2) Asume responsabilidad. (Deja de culpar a otros, recuerda que tú eres la fuente). Identifica lo que falta de ti, lo que pudiste haber hecho diferente y la lección que puedes aprender.
Ejemplo: Lo que hizo falta de mí fue disciplina, persistencia y rodearme de personas que apoyen mi declaración. Lección aprendida: No puedo dejar que mis antojos me dominen.

3) Perdona (tanto a ti mismo como a los demás, el universo, etc.). Necesitas esa energía para lograr tu declaración.

Ejemplo: Me perdono a mí mismo y perdono a todos los que me animaron a romper la dieta.

4) Haz un nuevo compromiso. (¿Y ahora qué? Es un nuevo momento). ¿Cuál es tu nueva declaración y para cuándo? Ejemplo: Mi nueva declaración es bajar 25 libras para la fecha X.

5) Toma acción con urgencia. (Elabora un plan de acción y llévalo a cabo). Ejemplo: Mi nuevo plan de acción es seguir la dieta X, hacer ejercicio X todos los días, llevar un diario de calorías y contratar a un entrenador personal.

6) Luego ve tus resultados. (Cuando lo logres, celebra. Si no lo consigues, regresa al paso 1). Ejemplo: Cuando cumpla mi meta voy a celebrar, por ejemplo, me voy a comprar un atuendo de ropa nuevo en mi nueva talla o viajaré a un lugar exótico. Si no lo consigues, regresa al paso 1 y comienza de nuevo.

Lograr nuestras declaraciones requiere gran persistencia y posiblemente repetir estos pasos una y otra vez hasta conquistarlos. Ahora es tu turno: Piensa en una meta que aún no has logrado y aplica los seis pasos con ella.

1. Reconoce el fallo de forma positiva y agrega la palabra "¡SÍ!"
2. Toma responsabilidad.
3. Perdona.

4. Haz un nuevo compromiso.
5. Toma acción con urgencia.
6. Luego ve tus resultados.

TWITEA ESTO:
Nunca te des por vencido con tus sueños.
#TransformaTuVida @ChrisMotivador

Capítulo Nueve

PRINCIPIO 8: ACEPTACIÓN

"Ríndete a lo que es. Deja ir lo que ya fue. Ten fe en lo que será."

— Sonia Ricotti

LOS PRINCIPIOS DE abundancia y prosperidad ya están funcionando para ti. Dale un vistazo a los pasos que has tomado para abrirte al universo y atraer lo que quieres, así como a tu progreso.

El octavo principio que te ayudará en el camino es la aceptación, en lugar de ser resistentes y estar aferrados a la meta. Espera un minuto. Te acabo de decir que debes de ser persistente, como un maniático con una misión. Debes ser incansable y hacer todo lo que declaras, independientemente de que tus voces y conversaciones internas traten de convencerte de lo contrario. ¿Cómo es posible ser tan persistente y no estar apegado a la meta? La manera de hacerlo es seguir eligiendo la meta que declaraste para ti mismo. Nos recuerda el dicho "mientras hay vida hay esperanza". No te des por vencido pase lo que pase. Con este principio mantienes la fe y tu sueño vivo.

Cuando llego a la plataforma o la fecha límite, estoy en un punto en el que necesito fijarme una nueva meta, cambiar o negociar la meta, pero necesito aceptar sin apegos al hacerlo.

Si escojo la meta, no lo hago para convertirme en alguien. O sea que la meta no soy yo, no somos inseparables. Tengo identidad y valor propio fuera de la meta e independientemente de ella. Yo soy más grande que cualquier resultado. Mucha gente asocia su valor propio con sus ingresos. Cuando nos sentimos apegados a nuestros resultados, se vuelve imprescindible obtenerlos. Cuando *obligatoriamente* debemos conseguir algo, le damos energía automáticamente a lo opuesto. Nadie quiere salir en una cita con una persona desesperada. Nadie quiere contratar a alguien que se vea desesperado. Les voy a dar el ejemplo de una amiga, a quién llamaré Lisa, una mujer hermosa, inteligente y un ser humano extraordinario. Ella tenía su propio negocio, una hermosa casa y muchos amigos fantásticos. En apariencia ella se veía como alguien de éxito. Cuando la fui conociendo y le empecé a dar coaching, noté algo interesante— toda relación que ella empezaba, terminaba en unos pocos meses. Me tenía desconcertado hasta que llegué al meollo del asunto. Hablé con uno de los chicos con quienes había salido y me dijo lo siguiente: "Cuando conocí a Lisa era un sueño hecho realidad. Pero cuando empezamos a salir juntos, se convirtió en una pesadilla. Después de la primera cita, ella ya estaba hablando de vivir juntos y matrimonio. Parecía como que ya tuviera el vestido de novia en el baúl de su automóvil. De más está decir que me puso los pelos de punta y salí corriendo". Cuando tuve conocimiento de esta información, supe exactamente cómo darle coaching a mi amiga Lisa. Su problema era que estaba aferrada a la relación, matrimonio, etc. Y al aferrarse a todo eso, perdió de vista lo que es una verdadera relación: conexión, amor, confiar en el proceso y permitir que la magia de la relación se desenvuelva poco a poco. Cuando no confiamos en el proceso y tratamos de manipular y controlar los resultados, alejamos cada vez más nuestra meta. Le di coaching a Lisa sobre este principio: Acepta, confía en ti misma y confía en el proceso. Le di coaching para...

Transformar el miedo en fe.

El miedo es la expectativa de que las cosas saldrán mal. La fe es la expectativa de que las cosas saldrán bien. Lisa comenzó a aplicar este coaching en su vida, lo que la hizo llevar cada área al siguiente nivel y además empezó una nueva relación que se convirtió en matrimonio. Eso fue hace diez años. Yo entregué a Lisa el día de su boda. Ella se entregó a la relación, confió en el proceso y no trató de controlar el resultado. En consecuencia, la magia de la relación se desarrolló por sí sola llevándola a su sueño, que era casarse. Esto no sólo se aplica a las relaciones, también se aplica a todas las áreas de nuestra vida.

Por ejemplo, muchas personas quieren bajar de peso por las razones equivocadas. Quieren bajar de peso porque quieren verse bien y es a eso a lo que se apegan. Cuando no llegan al objetivo y las cosas no se ven exactamente como querían, se auto castigan; se sienten mal, decepcionadas y desalentadas. Es como si fijaran su auto percepción en la meta y no en ellas mismas, lo que es un espacio muy negativo desde el cual operar porque no se puede corregir. Cuando no cumples la meta, tienes que estar dispuesto a ver más allá de tus resultados. Es importante poder perdonarse uno mismo. "¿Sabes una cosa? Me reconozco porque lo intenté. Fui persistente e hice todo lo que fue necesario. No lo logré, lo sé. No lo puedo cambiar. Ahora, ¿cuál es la lección? Puedo aprender de esto porque sigo siendo una gran persona independientemente de haber logrado mi meta o no".

No dejes que tu autoestima dependa de tu meta. Tampoco tengas lástima de ti mismo. No te menosprecies ni te castigues cuando te quedas corto de lograr lo que quieres. Perdónate a ti mismo y aprende de lo que pasó, o no pasó... y utiliza ese conocimiento para manifestar resultados diferentes la próxima vez.

Luego pregúntate "¿Qué funcionó? ¿Qué fue lo que no funcionó? ¿Qué necesita ser diferente?" Recuerda, tú no eres tus metas. No te definen a ti, definen lo que quieres. Es muy importante no sentir apegos en la vida. Al momento que nos apegamos a las cosas, nos volvemos víctimas. Si me aferro a tener una relación, un negocio o un resultado específico, me vuelvo víctima de ello, en lugar de tener la visión de estar en una relación o la visión de tener éxito en mi negocio. Puedo estar conectado a mi visión, y gracias a mi visión, puedo estar comprometido a ella.

Thomas Edison fue persistente en sus intentos de inventar la bombilla eléctrica. Sin embargo, no siempre tuvo éxito. De hecho, fracasó, ¡diez mil veces! ¡Wow! Eso es persistencia, así como validación de que no se apegó a su meta ni se castigó a sí mismo cada vez que fallaba. Él dijo "No he fracasado. Sólo he descubierto 10,000 formas que no funcionan". O sea que él aprendía algo nuevo cada vez. Con cada intento, él se veía cada vez más cerca de manifestar su visión.

¿Qué habría pasado si Edison hubiera elegido auto recriminarse y dejar que su auto crítica lo amedrentara? Probablemente no habría intentado crear su visión de nuevo. ¿Te puedes imaginar el tipo de destrucción a su autoestima si se hubiera menospreciado él mismo y afirmado que era un fracaso esas 10,000 veces?

Lo que sí te puedo decir es lo que habría pasado. El mundo no se hubiera beneficiado de su visión y genio. Se pudo haber dado por vencido, no porque estaba tratando de hacer lo imposible, sino porque se había creído el cuento de que no era capaz o digno de éxito.

Edison no fue un fracaso, como tampoco lo eres tú. Eres brillante, comprometido y visionario. Está bien si por alguna razón tu visión, afirmación y declaración no se están materializando. Mantén tu frente en alto. Lo intentaste. Tal vez no te salió bien la primera vez, pero ahora ya sabes qué hacer para que sí salga bien la próxima. Esa es la belleza de la abundancia y prosperidad, llegamos a mejorar, aprender, crear y recrear tantas veces como queramos. La belleza de la vida es que no importa cuántas veces nos caigamos, siempre nos podemos volver a levantar.

No es el fin del mundo si no logramos algo, ahora, tirar la toalla sí lo es, porque si lo haces quiere decir que te estás dando por vencido y has perdido la esperanza. Estás renunciando, renunciando a tratar y a crecer. Estás proclamando hasta aquí llegué mi gente, ya no queda más por hacer. No dejes que una desilusión o decepción te impidan experimentar una vida de triunfos increíbles. Cuando lo haces, renuncias a vivir y a crear una vida próspera.

La aceptación no es resignarse. La aceptación es fluir, es soltar la crítica y los juicios con uno mismo. Es confiar que la vida es como debe ser y todo es una bendición. Debes dejar que todo fluya, sentir la magia y sentirte maravillado. Debes estar en un estado de conciencia en el que fluyes al océano de la vida y accesas los vibrantes colores de su energía. Es la zona productiva, o la "zona", lo que también creará abundancia y prosperidad, que es en realidad lo que estás buscando.

La aceptación te permite despejar la negatividad en tu mente para que no se interponga en tu futuro. Cuando estás claro, puedes enfocarte y acceder a otras energías, como la creatividad, para que puedas fijar tu atención en intentar lograr tus metas o atraer y manifestar algo diferente, y posiblemente mejor, en tu vida. Es cierto que no puedes avanzar si estás viendo hacia atrás.

Vuelve al proceso de soltar y aceptar. Puedes decir "No lo logré. Gracias". Agradece al universo la educación, la inspiración y la fortaleza de intentarlo. No te congeles en el fracaso, déjalo ir. Dile adiós y lánzalo al viento. Siente la liberación cuando te regocijes en la libertad de cambiar tu plan de acción o incluso tu meta, y así lanzarte de lleno a la emoción de crear algo completamente nuevo.

Alcanzar metas de forma persistente y entregada te facilitará a superar las barreras ante un mayor crecimiento personal, además de crear éxitos y logros. Debes ser persistente, pero no aferrarte a la meta, porque cuando no estás apegado, la puedes hacer progresar con menos esfuerzo. Descubrirás que tienes mayor flexibilidad con el resultado final y serás más capaz de adoptar los pasos y detalles que debes tomar para llegar allí.

Muchas veces en la vida estamos en situaciones que no podemos controlar, como nuestra salud, cómo nos tratan las demás personas, el tráfico, el clima, la injusticia, los fallos y los imprevistos de la vida. Si resistimos esas cosas cuando pasan, solo las hacemos empeorar.

"Lo que resistes persiste." – C.G. Jung

Cuando aceptamos plenamente esos imprevistos podemos usar nuestra energía para mantener nuestra felicidad y encontrar una solución que nos llenará de poder. Recuerda que incluso cuando estamos en una situación fuera de nuestro control, ya sea en salud, finanzas o relaciones, tenemos 100 % de control sobre cómo elegimos verla. Podemos resistirla y sufrir, o aceptarla y ver la bendición en cada situación.

"El dolor es inevitable, el sufrimiento es opcional." – Dalai Lama

PRACTICA LA ACEPTACIÓN

Cuando nos damos permiso de confiar en el proceso y lo aceptamos plenamente, vivimos en el flujo. El flujo nos conecta con la energía universal. Es como ser parte de un gran océano; cuando el dolor y sufrimiento aparecen en nuestras vidas, los vemos como bendiciones. Al no resistirnos, podemos usar esa energía y reencauzarla a nuestro favor. Para darles un ejemplo, en Aikido, un deporte de artes marciales, se entrena al participante a aceptar el ataque de su oponente en lugar de resistirlo. Se verá derrotado si lo resiste. Más bien se le entrena a aceptar esa energía y redirigirla a su favor. Podemos hacer lo mismo en nuestras vidas. Todo es energía, ya sea en una relación, la salud o el dinero. Si lo resistimos, lo alejamos. Al aceptarlo, podemos hacer que funcione a nuestro favor.

Piensa en diez cosas que resistes a diario. Por ejemplo, hay cosas que tienes que hacer o personas o situaciones que tienes que enfrentar. En el ejercicio a continuación, completa la situación que resistes pero que tienes que hacer. Después de cada una, escribe los sentimientos que te sobrevienen como resultado de esos "tengo que" en tu vida.

Ejemplo:
Tengo que *ir por mis hijos a la escuela todos los días, y estar varada en el tráfico, como si yo fuera su chofer.*
Me siento *agotada, enojada, poco apreciada y estresada.*

1. Tengo que _____
   Me siento _____

2. Tengo que _____
   Me siento _____

3. Tengo que _____
   Me siento _____

4. Tengo que _____
   Me siento _____

5. Tengo que _____
   Me siento _____

6. Tengo que _____
   Me siento _____

7. Tengo que _____
   Me siento _____

8. Tengo que _____
   Me siento _____

9. Tengo que _____
   Me siento _____

10. Tengo que _____
    Me siento _____

Nota todo el estrés y la ansiedad que producen esos "tengo que" en tu vida, son consecuencia de la resistencia. Cuando nos resistimos a la vida, estamos en conflicto con lo que es, lo cual nos hace tener un fallo. Nuestra ansiedad y estrés disminuyen cuando nos rendimos y aceptamos "lo que es". Cuando vemos esos "tengo que" como bendiciones, entramos en un estado de aceptación y experimentamos alegría y gratitud.

Ahora toma esos mismos diez elementos de la lista "tengo que" anterior y escríbelos en los espacios en blanco a continuación. Luego escribe los sentimientos que te sobrevienen como resultado.

Por ejemplo, es una bendición *ir por mis hijos a la escuela.* Siento *gratitud por tener hijos y buena salud. Aprecio el tiempo que puedo pasar con ellos al hacerlo.*

1. Es una bendición _____
   Me siento _____

2. Es una bendición _____
   Me siento _____

3. Es una bendición _____
   Me siento _____

4. Es una bendición _____
   Me siento _____

5. Es una bendición _____
   Me siento _____

6. Es una bendición _____
   Me siento _____

7. Es una bendición _____
   Me siento _____

8. Es una bendición _____
   Me siento _____

9. Es una bendición _____
   Me siento _____

10. Es una bendición _____
    Me siento _____

TWITEA ESTO:

Transforma el miedo en fe.
#TransformaTuVida @ChrisMotivador

Capítulo Diez

PRINCIPIO 9:
SER FUENTE

"Si va a ser depende de mí."

– William H. Johnsen

SER FUENTE es el noveno principio de abundancia y prosperidad. Ser fuente es la conciencia de que todo depende de ti. Si algo se va a dar, depende de ti. Como puedes darte cuenta, eres la fuente de todo. La pregunta es, ¿de qué estás siendo fuente? Si estás creando alegría, amor, felicidad, salud, éxito y abundancia, se debe a ti. Si estás creando conflictos, fallos, estrés, escasez, una vez más, se debe a ti.

Ser fuente es crear el resultado deseado desde un profundo nivel de intención. Una persona que se desenvuelve como fuente es la personificación de todos los principios de abundancia y prosperidad. ¡Si va a ser, depende de mí! Yo soy la causa de *todo*.

Ahora, esto no significa que todo lo que salga mal es tu culpa, significa que tú eres la fuente. Actúas como una persona poderosa, capaz y que vale. Tú importas. Tú puedes. Tú eres importante. Tú eres un regalo único y una contribución a este universo.

Si yo me reprimo, le robo al mundo lo que puedo ofrecer. Si habrá amor en mi vida, depende de mí.
Si habrá más entusiasmo en mi mundo, depende de mí. Si habrá alegría en mis relaciones, depende de mí.
Si quiero libertad, depende de mí.
Si habrá paz en el mundo y en mi vida, depende de mí.

Yo genero cuando actúo como fuente, lo que quiere decir atraer. Puedo atraer el trabajo, el papel, la maravillosa pareja o cónyuge. Soy fuente de las hermosas personas, los negocios fantásticos, así como de todo el dinero y apoyo que quiero.

Nos toca acceder a la abundancia y ser fuente de prosperidad en nuestras vidas. Ser fuente es un lugar donde te paras y desde donde operas.

Ser fuente es uno de los principios de abundancia y prosperidad más importantes porque cuando tomamos responsabilidad por todo, la vida se manifiesta de forma diferente. Nos hace tomar la batuta de nuestra propia vida. Tenemos el poder de crear todo lo que soñamos. Estoy convencido de que como seres humanos verdaderamente podemos tenerlo todo. Podemos tener lo que queremos, cuándo, dónde y en el momento que queramos. Ya está destinado a ser. Todos nacimos para ser lo máximo. La única manera que esto ocurrirá es tomar 100% de responsabilidad por todo en nuestras vidas. Les reitero que estoy hablando de una plataforma desde la cual operar: una actitud, una creencia, no necesariamente un hecho.

Con frecuencia confundimos la responsabilidad con la culpa. Pensamos: *Es mi culpa que mi marido me fue infiel o que mi socio me estafó. Es completamente mi culpa que mi corredor de bolsa usó mi dinero en un fondo ilegal.* ¡Espera un minuto! No, eso no es mi culpa, pero es mi responsabilidad. Yo soy responsable de elegir mi corredor de bolsa y estar pendiente de mi cartera de inversiones. Yo soy responsable de haber elegido mi socio y debí haber prestado más atención a lo que estaba pasando con los registros contables. Vi las señales de que mi esposo no era feliz. Yo actué como que estaba ausente en la relación. Era más fácil seguir como si nada que confrontar el hecho de que algo andaba mal.

Al pararte como fuente tienes la oportunidad de reflexionar responsablemente sobre las maneras en que pudiste haber creado el resultado. Es una herramienta que te abre a escoger y tomar decisiones más acertadas en el futuro. ¿Cuál fue la pregunta que no hice, o qué fue lo que permití que ocurriera? ¿Cuál es la enseñanza en esta experiencia?

Incluso si reflexionas y dices "no pude haber hecho nada diferente", no importa. Todavía queda un punto de vista responsable que debes aceptar. Es posible que no seas responsable de lo ocurrido, pero sí eres responsable de lo que hiciste con lo que pasó. O sea, "no puedo cambiar que eso haya sucedido, pero lo que yo haga con eso—sentirme empoderado, inspirado—depende enteramente de mí".

Las personas dejan que los eventos los definan, por ejemplo un divorcio, una relación fallida, la pérdida de un trabajo o una lesión. Cada uno podría ser el final de algo, o bien podría ser el inicio de algo diferente. Puedes auto flagelarte miserablemente porque perdiste tu trabajo o puedes convertir ese fallo en un triunfo. Los atletas profesionales lo hacen todo el tiempo. Sufren lesiones que acaban con sus carreras y luego deben reinventarse. A menudo encontrarás que transformaron un obstáculo en una oportunidad, una desventaja en una bendición e incluso crearon mucho mayor éxito al hacer algo completamente diferente con sus vidas. Magic Johnson es un buen ejemplo. Él fue estrella de la NBA, liga profesional de baloncesto de Estados Unidos, y fue diagnosticado con VIH en 1991, fácilmente pudo haber sido víctima de sus circunstancias. Eligió tomar 100% de responsabilidad y convirtió su dolor en su propósito. Ahora promueve la prevención del VIH/SIDA y fundó la empresa Magic Johnson Enterprises, cuyo valor asciende a mil millones de dólares, lo que valúa su patrimonio personal neto en 500 millones de dólares.

Si él no hubiera tomado responsabilidad de su vida, probablemente habría sido uno más de los miles de atletas que tienen una historia de por qué no tienen lo que quieren. Cuando vemos la vida desde una perspectiva responsable somos fuente. "Yo soy fuente y soy responsable de todo." Con esa perspectiva y aceptación, podemos participar en la vida de modo diferente.

Quizás estés pensando... "¿Cómo voy a ser yo responsable por algo como la guerra en el Medio Oriente?" Naturalmente eso no es tu culpa, pero lo que contribuyes a diario, ya sea positivo o negativo, puede crear guerra o puede crear paz. Todos somos responsables en menor o mayor medida del panorama global.

Ser fuente es la idea de atraer a nuestra vida todas las cosas, personas y situaciones que decimos que queremos, porque siempre somos la fuente. Esto nos trae a la pregunta crítica: ¿De qué estás siendo fuente? Si quieres ser fuente de éxito, de cosas positivas, debes de comenzar por cambiar tu punto de vista.

Es un principio muy importante porque ser responsable no es solamente: "Si algo va a pasar, depende de mi". Es además, "soy responsable por cómo veo el mundo". ¿Lo ves como algo totalmente malo? O ¿ves al mundo como algo bueno y generoso?

Es una interpretación y te afectará, del mismo modo que cómo interpretas lo que dicen los demás también te afecta. Es posible que no puedas controlar cómo las otras personas te tratan, pero siempre tienes control sobre tu respuesta.

No puedo controlar la economía. No puedo controlar si mi jefe está teniendo un mal día. No puedo controlar si un cliente con quien he estado trabajando por tres meses decide dejarme plantado e ir a trabajar con alguien más. No puedo controlar a los socios. No puedo controlar a nadie fuera de mí, mas la verdadera abundancia se trata del autocontrol. Se trata de tener claro que yo soy quien crea los filtros de mi vida y puedo ver la vida a través de esos filtros.

Puedo ver la vida como víctima, culpando a todos (lo cual, dicho sea de paso, no nos lleva a ninguna parte), o puedo ver la vida como una bendición y ver la vida siendo fuente. De hecho cuando opero como fuente, atraigo las cosas que quiero.

Ser fuente activa la ley de la atracción, nos recuerda que nosotros atraemos cada situación en el pasado, presente y futuro. La pregunta que siempre me planteo es ¿de qué estoy siendo fuente? ¿Soy fuente de lo que quiero: salud, energía, amor, relaciones, dinero y oportunidades? o más bien ¿soy fuente de estrés, miedo, ansiedad, drama, escasez, etc.? Si no soy fuente de lo que quiero, entonces es hora de rediseñar cómo me manifiesto en el mundo. Según Einstein, la locura es repetir lo mismo una y otra vez esperando un resultado diferente. Si no estás generando abundancia y prosperidad en tu vida, te toca encontrar la pieza que falta para poder hacerlo. Siempre debes recordar que tienes el poder de crear y atraer la vida que sueñas. Lo que tendremos al final del día serán nuestros resultados o nuestras historias. Las víctimas tienen una buena historia de por qué no tienen los resultados que quieren. Los seres abundantes y prósperos tienen resultados extraordinarios.

Practica ser fuente

1. Describe la clase de persona que estás comprometido a ser en tu vida a partir de este momento para que puedas empezar a ser fuente y atraer los resultados extraordinarios que quieres.

En la siguiente sección usa palabras que reflejen quién quieres ser. Elige diez palabras. Por ejemplo, soy hermosa, poderosa, inteligente, paciente, amorosa, comprometida, apasionada, disciplinada, segura y sexy.

Yo soy:

2. Identifica las diez barreras principales que quieres desafiar y romper para convertirte en esa persona. Por ejemplo, falta de confianza en ti mismo, miedo, falta de confianza en los demás, impaciencia, ser muy dominante, falta de disciplina, baja autoestima, falta de integridad, ser pesimista, analítico, o tímido.

3. Crea un plan de acción para romper con todas esas barreras y fomentar esas cualidades.

Ejemplo A: Contratar un coach personal.
Ejemplo B: Escuchar podcasts que te empoderan en tu visión.
Ejemplo C: Participar en seminarios de inteligencia emocional
Ejemplo D: Aplicar los 10 principios de abundancia y prosperidad.
Ejemplo E: Leer libros que te inspiran, por ejemplo:

- *The School of Greatness* por Lewis Howes
- *Living on The Skinny Branches* por Michael Strasner
- *The Art of Acknowledgement* por Margo Majdi
- *Rica...Libertad Financiera Para La Mujer* por Bárbara Serrano
- *El Empujoncito Para El Amor* por María Marín

TWITEA ESTO:
Soy el autor indiscutible de mi vida.
#TransformaTuVida @ChrisMotivador

Capítulo Once

PRINCIPIO 10:
RODEARME DE UN EQUIPO

"Rodéate sólo de personas que te eleven."

– Oprah

EL ULTIMO PRINCIPIO, que es vital para mí, es rodearme de un equipo. El ego piensa, "no necesito a nadie", pero no es cierto. Todos necesitamos de alguien. Somos seres humanos. Necesitamos compañía. Necesitamos coaches. Necesitamos socios. Necesitamos amigos. Necesitamos recursos. Necesitamos maestros, guías y líderes. Con esto no quiero decir *necesitar* como que no podemos hacerlo solos, porque en muchas instancias sí podemos, sino que la unión hace la fuerza. Es posible que lo logre solo, pero me va a tomar más tiempo y los resultados no van a ser tan extraordinarios. Con un equipo soy imparable, llegaré más rápido y los resultados serán extraordinarios. Si yo volviera a examinar todos los logros que más me enorgullecen, todos tienen algo en común: EQUIPO. Siempre he tenido la gran bendición de haber atraído personas extraordinarias a mi vida que se han parado por mí y mi visión.

En el primer principio hablábamos de dar, dar nuestros dones y talentos a los demás. ¿Por qué hacemos eso? Lo que se siembra, se cosecha, pero también hay otra razón. Nunca se valida o reconoce nuestro valor en este mundo hasta que lo damos, porque no es hasta que lo compartimos con otros y lo usamos para hacer una diferencia en el mundo que sabremos nuestra verdadera capacidad y autoestima.

Ahora hemos cerrado el círculo. Completamos los nueve principios iniciales y volvemos a lo que todos necesitamos, la gente. Necesitamos apoyo, consejo, guía, dirección y un equipo que nos anime hasta que celebremos la victoria. Necesitamos de alguien que nos corrija cuando nos desencarrilamos y vamos en la dirección equivocada, que nos dé una mano cuando caemos. Necesitamos del poder de muchos cuando somos uno solo.

Necesitamos un equipo y la mejor manera de encontrarlo es creando una red de contactos. Establecer enlaces sociales es una de las herramientas más poderosas que podemos usar en los negocios y las relaciones. Según el multimillonario Warren Buffet, tu red de contactos es tu activo más valioso.

¿Quién es tu equipo?

Digamos que quieres ser una empresaria y el sueño de toda tu vida ha sido crear un negocio. En lugar de lanzarte antes de saber cómo mantenerte a flote, encuentra a alguien que ya ha creado lo que quieres y aprende de ellos, pídeles que sean tus mentores. Si quieres tener una relación exitosa, encuentra personas que ya han creado relaciones exitosas, pasa tiempo con ellas y observa, escucha, toma nota.

No importa lo que estés buscando, rodéate de personas que estén alineadas con tu visión.

Si quieres ganar dinero, encuentra contadores, inversionistas, banqueros y asesores financieros por su experiencia y para que te aconsejen. Si quieres ser actor, consigue un agente y un maestro de actuación. Conoce a gente de tu industria. Asegúrate de asistir a obras de teatro, participa en un grupo de actuación y sé persistente hasta que un actor con experiencia te lleve de la mano en el proceso y te enseñe todo lo que necesites saber.

Haz amigos, no enemigos. El mundo está a tus pies. Hay muchas perlas dispersas por el mundo listas para compartir sus dones y talentos contigo, como: perlas de sabiduría, pilares de la sociedad, miembros respetados de la comunidad, empresarios, líderes espirituales y religiosos, coaches, consejos de asesoría, grupos mente maestra y gran cantidad de redes sociales.

Cuando combinas tus talentos únicos con la sabiduría, experiencia, guía y apoyo de otros en abundancia, eso es prosperidad.

Probablemente no es difícil saber instintivamente quién debería formar parte de tu equipo, pero ¿qué haces cuando ya tienes muchas personas en tu vida que te arrastran hacia abajo—los detractores, los escépticos y los críticos que parecen vivir para encontrar la oportunidad de quitarte tu sueño y pisotearlo? Es importante eliminar a la gente tóxica de tu vida. Te lo voy a repetir. Es importante eliminar a la gente tóxica de tu vida. Son obstáculos que se interponen en tu camino al éxito. En otras palabras, no puedes hacer cambios positivos en tu vida cuando estás rodeado de negatividad.

¿Cómo lo haces sin sentirte mal? Puede ser un amigo que tienes desde sexto grado o tal vez es un pariente. ¿Qué pasa si es alguien con quien llevas haciendo negocios desde hace muchos años? ¿Cómo es posible que puedas eliminarlos de tu vida sin sentirte de lo peor? ¿Sin abandonarlos del todo? ¿O hacerlos sentir como que tú los abandonaste?

Nadie quiere herir a los demás, va en contra de nuestra naturaleza. Sin embargo, puedes evitar que personalidades y relaciones tóxicas influyan en ti y tu futuro, y lo haces al tener claro que no eres tú quien los está eliminando, sino tu visión. Eso es lo que dije. Culpa a tu visión, tiene el temple, lo puede resistir.

Mi visión es una vida de alegría, paz y éxito, y quiero rodearme de personas alegres, exitosas y llenas de paz. Pero tengo a alguien que es un obstáculo para eso y que de hecho le resta a mi alegría, paz y éxito. Necesito tener "la plática".

¿Qué es eso? La plática es: "Te quiero mucho. Eres una gran persona y has sido muy importante en mi vida, pero quiero que sepas que en mi vida no hay espacio para nada negativo. Cuando estés listo para ser positivo y tener una actitud diferente serás bienvenido de nuevo. Pero hasta entonces, no te quiero en mi vida".

Sé que suena frío, pero ellos no tienen problema siendo negativos en tu vida; no tienen problema quitándote. ¡Recuerda, es tu vida y eres una persona generosa y agradecida! No puedes rodearte de gente desagradecida que quita todo el tiempo. Eres fuente y estás tomando responsabilidad de tus resultados. Si quieres abundancia y prosperidad en tu vida, debes tomar responsabilidad. Si no eliminas a las personas tóxicas de tu vida, es tu culpa, y no la suya, si no obtienes los resultados que quieres. Tengo un dicho: "Me fallas una vez, es tu culpa; me fallas dos veces, es tu culpa; me fallas tres veces, es mi culpa porque yo te estoy permitiendo que me falles".

Pienso que tener "la plática" es en realidad una bendición para ellos también porque terminamos siendo facilitadores para ese tipo de personas. Al permitir personas tóxicas en tu vida, les facilitas que sigan siendo tóxicas, que sigan viviendo en su negatividad y miseria, y nada cambia. Es cuando esa gente se da cuenta de que no puede seguir saliéndose con la suya que a veces pueden romper barreras. Aunque no lo creas, he visto como esto puede cambiar a las personas cuando abren los ojos a cómo los ven los demás. De repente se ven ellos mismos desde una perspectiva diferente y comienzan a comportarse de modo diferente, más positivo.

Odio usar palabras como "eliminar" porque la gente no es desechable. No obstante, me he alejado de personas que eran tóxicas en mi vida. Algunas tuvieron su despertar más grande cuando ya no estaba disponible para ellas. Gracias a eso, hicieron inventario de sus vidas y cambiaron. Rompieron una barrera enorme y están de vuelta en mi vida, en mayor medida y mejor que nunca. Así que, recuerda, parte de crear un poderoso equipo de personas en tu vida es asegurarte de que haya espacio para ellos, y los tóxicos ocupan demasiado.

El valor de un equipo:

Es realmente importante rodearte de un equipo de personas que hablen el mismo idioma, tengan la misma visión y que estén alineados con lo que dices que te importa, porque entonces serás imparable en la creación de los resultados que quieres en tu vida. Si alguien en tu vida te está quitando energía, por Dios, te lo debes a ti mismo y a tu familia y a todos tus seres queridos hacer algo al respecto.

Es cuestión de energía. Todos necesitamos energía. ¿Pero qué clase de energía estás recibiendo? ¿Es energía negativa que te consume, desgasta y agota? ¿O es energía positiva que te inspira e impulsa a progresar? Quieres enfocar toda tu energía en tu visión, tus negocios, el éxito, y no en evitar personas tóxicas que no te apoyan a ti ni a tus sueños. Recomiendo rodearnos de personas que nos apoyarán en nuestra visión. Una de las cosas que ha sido de mucho apoyo para mí personalmente es tener un coach, quien es una persona que está en tu equipo y te guía para llegar a tus metas. He tenido muchos coaches en mi vida y estoy eternamente agradecido con todos. Un coach es alguien que no se cree tus historias y que es un maniático implacable con una misión por tu éxito. Siempre te reta a que salgas de tu zona cómoda y a que crezcas para que puedas generar los resultados que deseas. Te recomiendo contratar un coach de vida. Hay entornos de coaching que te pueden apoyar a desarrollar tu inteligencia emocional, maneras de ser, creencias y actitudes que crearán transformación personal. Otras herramientas valiosas que puedes incorporar con tu equipo son seminarios, talleres y libros. ¡Un coach crea estrellas!

PRACTICA CREAR EQUIPO

Tener un equipo con conocimientos, experiencia, habilidades y talentos te ayudará a expandir tu abundancia y prosperidad. Te apoyarán a ti y a tus metas, al mismo tiempo que te traerán energía positiva para hacerte avanzar hacia tu visión y tus sueños.

Prepara una lista a continuación de los diez miembros más valiosos de tu equipo y describe lo que aprecias de ellos.

Por ejemplo:

Nombre: Ednita Nazario

Aprecio: su amor y apoyo incondicional e infinito. No se compra mis cuentos y celebra mis victorias.

(Si no se te ocurren diez nombres, eso te hace saber el trabajo que te toca hacer en esta área).

1. _____

2. _____

3. _____

4. _____

5. _____

6. _____

7. _____

8. _____

9. _____

10. _____

TWITEA ESTO:
Un individuo puede jugar el juego, pero un
equipo vence toda circunstancia. – Navy Seals
#TransformaTuVida @ChrisMotivador

CONCLUSIÓN

TWITEA ESTO:
"Todos somos multimillonarios, solo es que no lo sabemos."
– #TransformaTuVida @ChrisMotivador

CON FRECUENCIA ME PREGUNTAN, "Wow, hasta ahora hemos hablado de diez principios. Es mucho. ¿Cómo los aplico todos?" En primer lugar quiero que entiendas que aplicar los diez principios de abundancia y prosperidad cambiarán tu vida. *No* cambiarla no es posible. Esos diez principios son transformadores. Sin embargo, también quiero que entiendas que yo sé lo abrumador que puede ser aplicar todos esos principios de una vez desde el primer día. Lo bueno es que no necesitas aplicarlos todos, sólo uno. Si tan sólo aplicas uno de estos principios, empezarás a ver un cambio en tu vida. Es importante que lo sepas. En este libro hemos hablado de diez principios poderosos y transformadores. Hemos aprendido el impacto que tienen en nuestras vidas y el modo en que nos ayudan a avanzar hacia nuestra visión. Hemos aprendido cómo usar el universo como nuestro amigo, no enemigo, y a confiar en nosotros mismos y en el mundo a nuestro alrededor.

Hemos aprendido a operar desde la responsabilidad y la integridad, donde el carácter cuenta y hace una diferencia. Hemos aprendido a dar plena y libremente de nuestros múltiples y singulares dones y talentos que llevamos dentro de cada uno de nosotros. Hemos aprendido a romper el ciclo de escasez en nuestra marcha hacia mayores riquezas y recompensas.

Sobre todo, hemos aprendido que nada es imposible. Recuerda que si va a ser, depende de mí. Nadie puede hacerte sentir mal sin tu permiso. Lo hemos escuchado tantas veces. También es cierto que no puedes tener éxito sin tu propio permiso y nadie puede interponerse en tu camino a menos que tú los permitas.

Tu futuro es ahora. En este instante, en este mismo minuto, estás un segundo más en el futuro de lo que estabas cuando leíste la última frase. Cada tictac del reloj te lo acerca y cuando llegue, ¿cómo se verá ese futuro? ¿Dónde estarás? ¿Con quién estarás? ¿Qué estarás haciendo? ¿Cómo se sentirá?

Te puedo decir ahora mismo que se sentirá maravilloso. Te conmoverá y traerá lágrimas de gratitud a tus ojos. Te sentirás digno, valioso y lleno de ánimo con el poder del universo apoyándote. Tus dones y talentos se expandirán y multiplicarán, haciéndote más rico en espíritu de lo que te puedas imaginar.

Yo sé que tú lo puedes hacer. Yo lo hice y era un incrédulo. Es maravilloso como pasó todo, casi como si todas las piezas empezaran a caer en su lugar frente a mis ojos. Claro que tomó compromiso y dedicación, pero se hizo más fácil a lo largo del camino. Esa es la vida que deseo para ti, una vida que te bendiga con las cosas que más te importan.

Tu plan de acción de diez años empieza ahora, en este preciso instante.

Hazlo realidad. Haz que sea maravilloso. Haz que sea tuyo.

RECONOCIMIENTOS

ESTE LIBRO EXISTE gracias a mi familia y mi familia extendida de amigos y colegas. Le agradezco a mi madre y padrastro, Dave, porque sin ellos, no estaría donde estoy ahora. Gracias a mis hermanos y hermana, Michael, Andy, Jeffrey y Robin, todos han contribuido a mi vida de manera muy especial. A Michael Strasner, por ser mi amigo y socio en transformación. Gracias a todos los dueños de centros por su fe y confianza en mí y por crear un espacio para transformar la vida de las personas: A Mario Huertas, te agradezco por creer en mí y este proyecto desde el principio, eres el mejor. Claudette, mi amiga incondicional que siempre está allí para mí. A Luz García, Hermana te adoro. A Robyn (mi gemela), Corrine (gemela malvada), Margo (hermana), Roger, Chris Hawker, Sommer Renaldo, Abraham Alexander, Perla, Lupita, gracias. A Impacto Vital, son mi corazón. Un agradecimiento adicional a Ivette Rodríguez (dentista) e Ivette Rodríguez (entrenadora). A todos mis graduados en la República Dominicana; Bogotá, Colombia; Quito, Ecuador; y Sevilla y Madrid, España, muchas gracias. Agradezco a todos mis mentores, incluyendo a Micky McQuaid y James P. Cook. Un agradecimiento muy especial a Lewis Howes, tu transformación me inspira cada día. A Alicia Dunams, sin ti este libro no existiría, eres la susurradora de libros. Toccara, gracias por tu amor y tu apoyo. A mi tribu de amigos, ustedes me inspiran cada día. Mi vida no sería nada sin ustedes. Ednita Nazario, eres mi alma gemela, Carolina Márquez, mi oxígeno. Reymond Collazo gracias por tu amor y la foto de la portada. Celeste Esparza, mi mejor amiga por siempre de toda la vida. Alexandra Malagón, gracias por ser mi compañera en esta jornada con Gilberto Santa Rosa. A mi amor, Bárbara Bermudo, tú me inspiras. Mario Andrés Moreno, el mejor papá del mundo. María Marín, tú eres una inspiración. A Alejandro Martínez, mi buddy de por vida. Dauset Vazquez, mi secuaz. Daniel y Alejandra, gracias por ser mi familia. Pauley Shore, tu corazón es aún más grande que tu sonrisa. Mucho amor a mis hermanas Maritza Casiano y Grace Marie Herger y a mi hija adoptiva, Agatha Gomez. A mi ahijada, Ana Sophia García, estoy orgulloso de ti. Le agradezco además a mis mejores amigas por siempre: Vivi Santiestaban, Bárbara Serrano, Nadine Velásquez, y mi hermano Julián Gill. Un agradecimiento extra especial a Daniel Negraneu y a Silverio Pérez. Gracias a Mi hermanita Olga Cestero Ferguson por editar mi libro y a Lorna Silva por la traducción Love you guys! Amor especial a mi segunda Madre Maqui Berrios, Me inspiras todos los días te adoro! A mi eterno amor Nydia Caro! I adore you ! Muchas gracias a todos mis amigos y seres queridos que han contribuido a mi vida y a este libro.

SOBRE EL AUTOR - CHRIS LEE

APASIONADO, VISIONARIO, DESCABELLADO y comprometido son algunas de las palabras que describen a Chris Lee. Un hombre con una misión, comprometido a transformar el mundo, un corazón a la vez. Chris Lee ha pasado más de 25 años de su vida transformando las vidas de miles de personas en todo el mundo mediante sus talleres, coaching y participación en los medios de comunicación, enseñándole a la gente cómo vivir una vida abundante y próspera. Nació en Huntington, Nueva York y creció en San Juan, Puerto Rico, donde enfrentó muchas dificultades en sus años de formación que lo hicieron aprender muchas lecciones de vida que ha podido compartir con otros. Cuando estudiaba Comunicación Oral y Psicología en Northeastern University, descubrió su vocación al participar en un seminario de inteligencia emocional. Inició su carrera como entrenador y facilitador transformacional después de graduarse de la universidad; y esta oportunidad lo ha llevado por todo el mundo. Chris Lee ha liderado seminarios en Rusia, Hong Kong, China, Taiwan, Australia, Estados Unidos y Latinoamérica. Es autor del libro de gran éxito en ventas "Dile Yes! A la VIDA". Chris es también creador del taller

"Torch", un seminario de liderazgo para adolescentes de 13 a 17 años de edad que se ha ofrecido a adolescentes en todo el mundo. Además ha dirigido talleres corporativos para cientos de empresas como "Coca Cola", "Unilever", "Amgen", "Proctor and Gamble", "National Insurance", "Miss Universo" y muchas otras. Chris Lee ha sido anfitrión de programas de radio y televisión, además de podcasts en todo el mundo como: "Despierta América", "Nuestra Belleza Latina" y "El Show de Zuleyka" de Univision; "Arquitecto de Sueños" de Venevisión, "Día a Día" de Telemundo y "Noticiero de Telemundo". Actualmente puedes escuchar a Chris Lee en todo el país en el programa "María Marín Live" de Univision y también en el podcast de Lewis Howes "The School of Greatness".

Descubre más sobre Chris Lee en su pagina web. www.chrismotivador.com Facebook/Twitter/Instagram: @chrismotivador.

Made in the USA
Charleston, SC
31 January 2017